Die machtvolle Psychologie

Wie Sie die bewährten Psychologie- und Manipulationstechniken zu Ihrem Vorteil nutzen, spielend leicht Menschen lesen, beeinflussen und im Handumdrehen für sich gewinnen

Haftung für externe Links

Unser Angebot enthält Links zu externen Websites Dritter, auf deren Inhalte wir keinen Einfluss haben. Deshalb können wir für diese fremden Inhalte auch keine Gewähr übernehmen. Für die Inhalte der verlinkten Seiten ist stets der jeweilige Anbieter oder Betreiber der Seiten verantwortlich. Die verlinkten Seiten wurden zum Zeitpunkt der Verlinkung auf mögliche Rechtsverstöße überprüft. Rechtswidrige Inhalte waren zum Zeitpunkt der Verlinkung nicht erkennbar.

INHALT

Einleitung

Psychologie ist eine der interessantesten und komplexesten Wissenschaften aller Zeiten. Das universitäre Studium ist lang und zeitaufwendig. Es beinhaltet in der Regel zahlreiche facettenreiche Teildisziplinen und verlangt ein hohes Maß an Geduld und Ehrgeiz. Doch bereits die Grundlagen der Psychologie können den Alltag erheblich erleichtern. Wer versteht, was in der menschlichen Psyche vorgeht, kann das im Alltag nutzen, um das eigene Verhalten sowie das seiner Mitmenschen besser zu verstehen und sogar zu beeinflussen.

Gleichzeitig wird ein tieferes Verständnis für mentale Gesundheit und Krankheiten erlangt. Auch Nicht-Psychologen und Hobby-Psychologen können davon profitieren. Schließlich wirken bewusste und unbewusste Beeinflussungen und Effekte ständig auf die Psyche des Menschen ein.

Doch was genau wird unter der Psyche eigentlich verstanden? Und wie erarbeitet man sich die wichtigsten Grundlagen der Psychologie am besten? Wer sich ein Basiswissen aneignen möchte, weiß oft nicht so genau, wo er starten soll. Aus der Fülle der vorhandenen Informationen auszuwählen, ist schließlich nicht immer ganz einfach. In diesem Buch werden daher die wichtigsten Teilgebiete und Grundprinzipien der Psychologie erklärt. Es bietet einen Überblick über die wichtigsten Teildisziplinen und liefert ein grundlegendes Verständnis für das, was Psychologie überhaupt bedeutet.

Sie werden schnell sehen: Psychologie ist ausgesprochen umfangreich und jedes Detail zu erklären würde den Rahmen dieses Buches sprengen. Doch mit dem Basiswissen werden Sie bereits eine gute Grundlage erhalten, um die menschliche Psyche besser zu verstehen. Sie werden erkennen, wie vielseitig Psychologie sein kann und wie wichtig psychologische Denkmuster, Phänomene und das Wissen über diese in der modernen Welt geworden sind.

Abschließend werden Ihnen die wichtigsten und interessantesten psychologischen Effekte vorgestellt – Sie werden erstaunt sein, wodurch Menschen sich beeinflussen lassen. Doch keine Sorge: Ein paar praktische Tipps geben Anregungen, wie man sich vor ungewollter Beeinflussung und Manipulation schützen kann. Zwar lassen sich nicht alle Effekte ausschalten, doch das Bewusstsein über ihr Vorhandensein kann größere Einflussnahme häufig verringern.

In diesem Sinne: Viel Freude und viel Erfolg beim Untersuchen der menschlichen Gedankenwelt!

Geschichte der Psychologie

Die Geschichte der Psychologie geht viele Jahrhunderte zurück. In früheren Zeiten wurde sich ausgiebig mit dem menschlichen Verhalten und seinen Ursachen beschäftigt. Damals stand jedoch die menschliche Seele und ihre Einflussnahme stark im Zentrum der frühpsychologischen Forschung. Der Begriff der Psychologie wurde erst wesentlich später eingeführt. Als ein eigenständiges und anerkanntes Forschungsgebiet darf sich die Psychologie erst seit dem 19. Jahrhundert bezeichnen. Im Folgenden erwartet Sie zum Einstieg in die Disziplin ein historischer Überblick über ihre Entwicklung.

ÜBER DIE SEELE UND DAS INNENLEBEN – STUDIENBEGINN NACH PLATON UND AVICENNA

Der griechische Denker Platon, einer der bekanntesten Denker der Antike, leistete zu seiner Zeit bereits erste wertvolle Beiträge zur Entwicklung der späteren Psychologie. Das bedeutet, dass schon um das Jahr 400 v. Chr. Ideen im Raum standen, die für die spätere Wissenschaft Relevanz hatten. Im Mittelpunkt damaliger Philosophie stand Platons *Ideenlehre*, wonach *Ideen* sowohl Ursprung als auch Ziel allen Seins sein sollten. Aus dieser Lehre entwickelten sich in späteren Zeiten u. a. auch die Ethik, die Erkenntnistheorie und schließlich auch die Psychologie.

Platon beschäftigte sich umfassend mit der Seele, die das Wesen eines Menschen ausmachen sollte. Die Seele wurde damals gleichgesetzt mit dem Innenleben, dem inneren Wesen. Sein *Schichtenmodell der Seele* wurde auch Grundlage für die spätere Forschung des österreichischen Arztes Sigmund Freud, der die Psychologieforschung weiter nach vorne trieb. Auch andere historisch bedeutsame Denker und Gelehrte wie Aristoteles und der persische Arzt Avicenna erforschten die Seele und geistige

Erkrankungen. Avicenna beschrieb nicht nur bereits kognitive Prozesse des Menschenverstandes (also solche Prozesse, die das Denken, Wahrnehmen und Erkennen betreffen), sondern befasste sich auch mit der reinen Vorstellungskraft und leistete damit bereits um das Jahr 1000 n. Chr. einen wichtigen Beitrag zur modernen Erforschung psychischer Erkrankungen.

Im Jahr 1575 formulierte der spanische Arzt und Philosoph Juan Huarte de San Juan in seinem Werk *Examen de ingenios para las sciencias* (deutsche Übersetzung durch Gotthold Ephraim Lessing: *Prüfung der Köpfe zu den Wissenschaften*) weitere Ideen, die so auch in der modernen Psychologie verwendet wurden. Er lieferte damit weitere bedeutende Erkenntnisse für die spätere Forschung.

Auch die Bezeichnung *Psychologie* bzw. *psychologia* tauchte nun, im 16. Jahrhundert, auf. Wann genau sie das erste Mal benutzt wurde, kann jedoch nicht mehr eindeutig nachgewiesen werden. Verschiedene Quellen belegen lediglich, dass der Begriff im 16. Jahrhundert bereits Anwendung fand.

VOM ZEITALTER DER AUFKLÄRUNG BIS ZUM 19. JAHRHUNDERT

Mit dem Zeitalter der Aufklärung nahm die Arbeit auf dem Gebiet der heutigen Psychologie zu. Abseits von Untersuchungen der Seele widmete sich die Forschung im Bereich der Psychologie mehr dem Kern des menschlichen Verstandes. Zwar hatte sich die Psychologie auch dann noch keinen Namen als eigenständig anerkannte Wissenschaft gemacht, sie befand sich aber auf einem guten Weg dorthin.

Der Gelehrte Gottfried Wilhelm Leibniz war einer der bedeutendsten Vertreter der Psychologieforschung dieser Zeit. Besonders hervorstechend war seine analytische Theorie des erkennenden Bewusstseins mit dem Titel *Neue Versuche über den menschlichen Verstand*, welches im Jahr 1704 erschien. Auch seine *Monadenlehre* aus dem Jahr 1714 beeinflusste das Gebiet der Psychologie maßgeblich. Hier erlangten bereits viele Ansätze der späteren Gestaltungspsychologie erste Aufmerksamkeit.

Auch der Gelehrte Christian Wolff veröffentlichte zwei bedeutende Werke im psychologischen Wirkungsbereich. Durch ihn und seine Arbeit wurden die Begriffe *Bewusstsein* und *Aufmerksamkeit* bekannt gemacht.

Mit zahlreichen weiteren Ansätzen und Forschern im Bereich dieser Wissenschaft wuchs nicht nur die Bekanntheit der Thematik, sondern auch ihre Anerkennung. Mit den Jahren kamen immer neue Betrachtungsweisen und Erkenntnisse auf, sodass sich das Themengebiet erweiterte und verfestigte. Eine Vielzahl von Wissenschaftlern und Gelehrten begann sich allmählich für den Bereich der Psychologie zu interessieren.

Der Professor Ferdinand Ueberwasser der Alten Universität in Münster bezeichnete sich im Jahr 1783 erstmals selbst als *Professor für empirische Psychologie und Logik*. Damit hielt die Psychologie als eigenständige wissenschaftliche Disziplin Einzug in die Universität. Schließlich nahmen sich im 19. Jahrhundert auch Philosophen und Schriftsteller wie Arthur Schopenhauer und Friedrich Nietzsche den Themenfeldern der Psychologie an. Bedeutende Werke befassten sich intensiv mit der Erschließung des menschlichen Verstandes und der Interpretation der menschlichen Psyche und Verhaltensweisen.

DAS 19. JAHRHUNDERT – DIE PSYCHOLOGIE ALS EMPIRISCHE WISSENSCHAFT

Im 19. Jahrhundert entwickelte sich die Psychologie als empirische Wissenschaft. Wilhelm von Humboldt startete diese Entwicklung als einer der wichtigsten Vertreter der sogenannten Völkerpsychologie. Gustave Le Bon und Scipio Sighele entwickelten in den 1890er-Jahren die

Massenpsychologie. Diese beiden Teilbereiche gelten als die Vorlage, aus der sich später die heutige Sozialpsychologie entwickelt hat. Auch der wachsende Materialismus beeinflusste die Psychologie im 19. Jahrhundert. Erstmals wurde der Bereich der Neurophysiologie erforscht und insbesondere Mediziner, Physiologen und Physiker trieben diesen Forschungsbereich voran. Im Jahr 1872 wurde die *Vergleichende Verhaltensforschung* von Charles Darwin begründet, in der er selbst Ähnlichkeiten und Gleichheiten zwischen Tieren und Menschen feststellte und benannte.

Im Universitätsbereich beschäftigten sich zunehmend alle traditionellen Fakultäten mit psychologischen Themen. Anfänglich waren diese Themengebiete vorwiegend in der Philosophischen Fakultät ansässig, in der auch die Logik studiert wurde. Später nahmen auch medizinische, juristische und sogar theologische Fakultäten psychologische Studien und Fragen auf. So wurde der Bereich der Psychologie in allen Forschungs- und Studiengebieten langsam, aber sicher bekannter und wichtiger. Die Gründung der Psychologie als eigenständige universitäre Disziplin geschah vermutlich durch Wilhelm Wundt an der Universität Leipzig in Deutschland.

Von dort aus etablierte sich die Psychologie als Wissenschaft an zahlreichen anderen Universitäten weltweit, zunächst an Universitäten in Paris und Graz. Die Psychologie als eigenständige Wissenschaft erreichte auch die USA, wo zunächst mit der experimentellen Psychologie gearbeitet wurde. Herausstechend waren nach wie vor Wundt und seine Kollegen an der Universität in Leipzig. Sie sahen die Psychologie erstmalig als neue Disziplin der Naturforschung.

In ihrem Ansatz wurden Physik bzw. Experimentalphysik, experimentelle Physiologie und Mathematik bzw. die Angewandte Mathematik zusammengefügt, was für Begeisterung unter Wissenschaftlern weltweit sorgte. Die Entwicklung von Teildisziplinen wie Psychophysik und die psychologische Methodenlehre stach auch als äußerst brauchbare Ergänzung der Angewandten Mathematik und der Statistik hervor. Parallel dazu entwickelte sich auch mit der Würzburger Schule die Gestaltpsychologie.

Die Psychologie war nunmehr eine eigenständige, naturwissenschaftlich orientierte Disziplin und nicht mehr nur an philosophische Lehren und Interpretationen gebunden.

NEUE STRÖMUNGEN – PSYCHOLOGIE IM 20. JAHRHUNDERT

Das 20. Jahrhundert bot der Psychologie noch mehr Aufmerksamkeit und noch mehr Möglichkeiten, sich zu entfalten und weiterzuentwickeln. Neuere Strömungen, die zum Teil auch heute noch im Studium der Psychologie gelehrt werden, entwickelten sich in diesem Jahrhundert. Insbesondere der spätere Behaviorismus erlangte große Bedeutung und hat auch heute noch eine Vielzahl von Anhängern. Aber auch andere Strömungen wie der Kognitivismus erlangten großes Aufsehen.

Psychodynamische Sichtweise und Psychoanalyse nach Freud

Der österreichische Arzt Sigmund Freud gilt als Begründer der Psychoanalyse. Er beschäftigte sich viele Jahre lang mit dem menschlichen Verhalten, seinen Denkweisen und der Psyche im Allgemeinen. Erste psychoanalytische Fallstudien wurden von ihm aufgestellt. Später bearbeitete er zusammen mit seinen Schülern Carl Gustav Jung und Alfred Adler sogenannte psychodynamische Sichtweisen in der Psychologie.

Die Psychoanalyse arbeitet mit Methoden zur Selbsterfahrung. Ins Unterbewusstsein Verdrängtes soll bewusst gemacht und aufgedeckt werden. Auf diese Art und Weise sollen psychische Störungen therapiert werden können. Freud stellte das Unterbewusstsein häufig in den

Mittelpunkt seiner Forschung und Untersuchungen. Tief im Unterbewusstsein Verankertes war nach seinen Erkenntnissen oft entscheidend für spätere Verhaltens- und Denkmuster. Aus diesem Grund versuchte er häufig, Ängste, Träume, Denkweisen und Verhaltensstörungen anhand von Erfahrungen, die im Unterbewusstsein des Patienten verankert waren, zu erklären. In diesem Zusammenhang beschäftigte er sich eingehend mit Geschehnissen, die verdrängt wurden, im Unterbewusstsein aber noch abgespeichert waren.

Aus wissenschaftlicher Perspektive wird die Psychoanalyse heute nicht mehr als Teilgebiet der Psychologie verstanden. Sie ist eine komplexe Mischung aus Psychiatrie, Medizin, Neurologie, Philosophie und Metaphysik. Auch Sigmund Freud sah die Psychoanalyse bereits als eigene Wissenschaft an und nicht mehr nur als Teildisziplin der Psychologie. In diesem Zusammenhang spielen auch die Entwicklungspsychologie und Traumdeutung nach Jung noch eine Rolle. Ihre Beziehung zur Psychoanalyse ist auch heute noch geprägt von wechselseitigen Beeinflussungen.

Ganzheitliche Gestaltungspsychologie nach Franz Brentanos

Unter der ganzheitlichen Gestaltungspsychologie versteht man zusammengefasst sowohl die Gestalttheorie der Berliner Schule als auch die Ganzheitspsychologie der Leipziger Schule. Sie entwickelte sich etwa zeitgleich mit der Psychoanalyse, allerdings mit dem Unterschied, dass ihre Vertreter außerhalb von Expertenkreisen heute weniger bekannt sind als Sigmund Freud.

Die Ursprünge der ganzheitlichen Gestaltungstherapie finden sich hauptsächlich in der Arbeit von Christian von Ehrenfels, der im Jahr 1890 mit seinem Werk *Über Gestaltqualitäten* einen wichtigen Meilenstein setzte. Seine Arbeit basierte vor allem auf Bewegungen gegen die damalige elementaristische Zergliederung von psychischen Prozessen. In dem

Werk von Ehrenfels wurde daher insbesondere die Ganzheitlichkeit von Wahrnehmungsprozessen beschrieben und erklärt.

Eines seiner bekannteren Beispiele orientiert sich an Melodien, die von Hörern auch dann erkannt werden, wenn sie in eine andere Tonart gesetzt werden. So wie eine Melodie etwas anderes sei als die bloße Zusammensetzung mehrerer einzelner Töne, seien auch Wahrnehmungsprozesse schlichtweg nicht so leicht in einzelne Teile zu zergliedern. Sie seien vielmehr ganzheitlich zu betrachten.

Auch der Psychologie Franz Brentano lieferte in diesem Zusammenhang bedeutende Forschungs- und Studienergebnisse.

In der Weimarer Republik erlebte die Berliner Schule der ganzheitlichen Gestaltungspsychologie um die Forscher Max Wertheimer, Kurt Koffka und Wolfgang Köhler ihre Blütezeit. Wertheimers Arbeit *Phi-Phänomen* erlangte 1910 sogar internationale Aufmerksamkeit.

Neben den Arbeiten zu (Sinnes-) Wahrnehmungen beschäftigte sich dieser Teil der Psychologie zunehmend auch mit Denkprozessen, menschlichen Handlungsmustern, Problemlösungen und Problemlösungsstrategien. Einflüsse dieser Richtung erreichten in den folgenden Jahren auch die Sozialpsychologie. Diesbezüglich zu nennen sind vor allem die Arbeiten der Leipziger Schule um die Wissenschaftler Felix Krüger und Friedrich Sander, die sich (anders als die Berliner Schule) nicht dem Naziregime angedient hatten und somit weiter an ihrer ursprünglichen Forschung festhielten.

Der Behaviorismus nach John Watson

Der US-amerikanische Psychologe John B. Watson veröffentlichte im Jahr 1912 erstmalig Arbeiten zum sogenannten Behaviorismus. Die Bezeichnung dieser Theorie kommt von dem englischen Wort *behavior* (auch *behaviour*), was *Verhalten* bedeutet. Die Theorie stellt Verhaltensweisen sowohl bei Menschen als auch bei Tieren in den Vordergrund und geht davon aus, dass verstärken oder abschwächen Faktoren von außen diese Verhaltensweisen beeinflussen.

Das Gehirn und Gedankenprozesse hingegen werden nicht näher als Einflussfaktoren beleuchtet.

Vielmehr werden Umweltfaktoren als Stimuli betrachtet. Der Behaviorismus untersucht also die Einwirkung von externen Reizen und Signalen auf den Menschen und stellt heraus, wie daraus Verhaltensreaktionen und Verhaltensmuster entstehen. Dementsprechend geht der Behaviorismus davon aus, dass externe Faktoren einem Menschen Verhaltensweisen antrainieren oder auch wieder verlernen lassen können. Mit dem Behaviorismus beschäftigt sich auch heute noch die universitäre Forschung und Lehre, obwohl dieser zwischen den 1960er- und 1970er-Jahren an vielen Orten vom Kognitivismus abgelöst wurde.

Der Kognitivismus in den 1960er-Jahren

Die Strömung des Kognitivismus wurde insbesondere durch Bereiche der Philosophie und Linguistik geprägt und stellt die individuelle Informationsverarbeitung sowie die Gedankenprozesse des Menschen in den Mittelpunkt. Erste Wurzeln bildete diese Strömung bereits in den 1920er-Jahren, wurde aber erst einige Jahrzehnte später größer und bekannter. Im Gegensatz zum Behaviorismus stellen Umwelteinflüsse hier keine nennenswerten Einflussfaktoren auf menschliche Verhaltensweisen dar. Stattdessen sind Informationsgewinnung und -verarbeitung von größter Bedeutung.

Da diese Prozesse innere Abläufe darstellen, stehen beim Kognitivismus also wieder Prozesse des menschlichen Organismus bzw. vorwiegend des Gehirns im Mittelpunkt der Forschung. Kritisiert wird der Kognitivismus insbesondere aufgrund seiner Vorstellung einer einzig wahren und objektiven Realität. Demnach gibt es eine erkennbare und objektiv richtige Realität, deren Informationen im menschlichen Gedankenprozess lediglich unterschiedlich verarbeitet werden.

Diese Vorstellung erscheint aus moderner wissenschaftlicher Perspektive doch nicht mehr ganz treffend. Außerdem verfehlt es der Kognitivismus, die komplexen Abläufe im Gehirn zur Informationsverarbeitung und körperliche Fähigkeiten zu erklären. Aufgrund dieser Mängel wird der Kognitivismus heutzutage nicht mehr allein, sondern vorwiegend im Zusammenhang mit anderen Strömungen und dem historischen Kontext gelehrt.

Exkurs: Neobehaviorismus

Der Kognitivismus beeinflusste die Entwicklung des sogenannten Neobehaviorismus, der damit eine Mischung aus dem Kognitivismus und dem Behaviorismus darstellt. Der Neobehaviorismus basiert im Grunde mehr auf dem ursprünglichen Behaviorismus, bezieht aber nun auch Verhaltensweisen mit ein, die äußerlich nicht erkennbar sind (z.B. Denkprozesse und Vorstellungen bzw. Imaginationen). Auch der Neobehaviorismus geht allerdings davon aus, dass diese Verhaltensweisen durch äußere Reaktionen hervorgerufen werden. Diese Strömung war und ist vorwiegend in den USA zu beobachten und in der europäischen Lehre und Forschung weniger stark verbreitet.

Konstruktivismus – von Philosophie und Psychologie

Der Konstruktivismus entwickelte sich ebenfalls im weiteren 20. Jahrhundert. Diese Theorie findet sich nicht nur im psychologischen, sondern auch im philosophischen Bereich wieder, wo sie vor allem im Zusammenhang mit der Erkenntnistheorie steht. Der Konstruktivismus geht im Allgemeinen davon aus, dass Menschen ihre Welt mithilfe von Gedankenprozessen konstruieren und nicht schlichtweg wahrnehmen können.

Historisch gehen die heutigen Vorstellungen vom Konstruktivismus bis auf Kant zurück, entwickelten sich aber insbesondere in den 1960er- und 1970er-Jahren. Der Konstruktivismus in der Psychotherapie versucht entsprechend wahrzunehmen, wie der Patient seine Außenwelt wahrnimmt und bildet, um zu verstehen, woher seine Störungen und Unsicherheiten rühren. Dieser Fokus auf die individuelle Wahrnehmung steht im Gegensatz zu der im Kognitivismus gelehrten objektiven Realität.

Psychologie in der Zeit des Nationalsozialismus

Zur Zeit des Nationalsozialismus erlebte die Psychologie eine Phase der Stagnation oder sogar Reduzierung. Insbesondere im Deutschland unter Hitler wurden zahlreiche Lehrverbote erteilt, etwa aufgrund von politischen Äußerungen, jüdischer Herkunft oder jüdischen Kontakten der Forscher und Wissenschaftler. Viele in Deutschland bzw. Europa ansässige Forscher und Gelehrte kamen im Krieg um, wurden inhaftiert oder flohen in die USA. Verbliebene Psychologen mussten sich in ihrer Diagnostik und Lehre dem nationalsozialistischen Gedankengut, etwa in Bezug auf Rassenlehre und Charaktertypen, unterordnen.

Dies veränderte insbesondere die psychologische Lehre nachhaltig und verhinderte in vielen Fällen auch die Weiterentwicklung. Selbst Hitlers Werk *Mein Kampf* wurde als Standardlehre in die Psychologie eingeführt. Nationalsozialistisches Gedankengut wurde so auch in der psychologischen Lehre verbreitet. 1941 wurde der Diplomabschluss für Psychologen eingeführt, mit Betonung auf einer berufspraktischen Qualifikation als Wehrpsychologe. Die Wehrmacht war außerhalb der Universität das Hauptarbeitsfeld der Psychologen. Klinische Psychologie und Psychotherapie durch Psychologen kannte man noch nicht.

Auch nach Ende des 2. Weltkrieges war psychologische Forschung und Lehre in Deutschland nur unter erschwerten Bedingungen umsetzbar oder ganz unmöglich. In den USA hingegen wurde zunehmend intensiver in psychologische Forschung und Lehre investiert. Aus diesem Grund galten die USA Ende der 1940er-Jahre bereits als führende Nation im Bereich der Psychologie.

Humanistische Psychologie nach dem 2. Weltkrieg
Während der psychologische Bereich in Deutschland stagnierte, zeichneten sich in den USA und später auch weltweit Weiterentwicklungen bereits vorhandener Strömungen sowie neue Strömungen in der Psychologie ab. In den 50er-Jahren entwickelte sich die Humanistische Psychologie. Diese Theorie legt den Fokus auf den Menschen als ein Individuum, das sein Verhalten kontrollieren kann.

Demnach sei der Mensch insbesondere darauf konzentriert, seine individuellen Entwicklungsmöglichkeiten frei zu entfalten und voll auszureizen. Er ist sich seines Verhaltens bewusst und kann dieses entsprechend erkennen, beeinflussen und steuern. In den 1970er-Jahren fand diese Strömung auch zunehmend Anhänger im deutschsprachigen Raum. Dort konnte sich die Psychologie nach der Phase der Stagnation nun langsam, aber sicher nach vorne bewegen und weiterentwickeln.

PSYCHOLOGIE IM 21. JAHRHUNDERT

Die Zeit der 1970er-Jahre sorgte dafür, dass der Behaviorismus als Hauptströmung abgelöst wurde, was zur Verbreitung des Kognitivismus und zur sogenannten *Kognitiven Wende* im psychologischen Bereich führte. In den 1980er-Jahren entwickelte sich der Konnektionismus, der sich auf innere Netzwerke, also Vernetzungen in Gehirn und Nervensystem, fokussiert.

Er befasst sich mit der Verknüpfung (*Konnektion*) neuronaler Elemente und versucht, höhere Kognitionen, also Wahrnehmungs- und Erkennungsprozesse, darzustellen und zu erklären. In dem Zusammenhang fanden auch Rückgriffe auf frühere Bereiche wie die Gestaltpsychologie und den Konstruktivismus statt.

Der Bereich der Kognitiven Neurowissenschaften wurde in dieser Zeit verstärkt ausgebaut und beeinflusst. Im Endeffekt existieren durch diese letzten Entwicklungen heutzutage viele Disziplinen und Strömungen gleichzeitig und gleichermaßen akzeptabel nebeneinander.

Das bedeutet einerseits, dass diese bei der Forschung flexibel genutzt werden können, sorgt aber andererseits auch für ein hohes Maß an Komplexität innerhalb des Fachbereiches der Psychologie. So werden im universitären Kontext nach wie vor verschiedene Strömungen gelehrt. Die wichtigsten Elemente aller Strömungen zu verknüpfen ist schwierig. Viele Schulen entscheiden sich für einen Fokus auf die eine oder andere Lehre. Wissenschaftlich anerkannte Erkenntnisse können aus mehreren Teildisziplinen genommen werden.

Allgemeine Psychologie

Psychologie lässt sich in verschiedene Teilbereiche untergliedern. Diese Untergliederung findet vorwiegend in der universitären Lehre und Forschung statt. Teilweise ist es heutzutage aufgrund des umfangreichen Inhaltes und der Komplexität des psychologischen Studiums sogar möglich, das Studium hauptsächlich in einer der Teildisziplinen aufzunehmen.

Einer der wichtigsten Teilbereiche ist der Bereich der Allgemeinen Psychologie, der auch im universitären Studium große Bedeutung erfährt. Die Allgemeine Psychologie befasst sich mit den menschlichen Verhaltensweisen und dem menschlichen Erleben. Dabei wird der Fokus auf zahlreiche Aktivitäten gelegt, zu denen insbesondere die folgenden gehören:

- Wahrnehmung, Bewusstsein und Aufmerksamkeit
- Gedächtnis und Lernen
- Sprache
- Denken und Gedankenprozesse
- Entscheidungen
- Problemlösung
- Motivation und Emotion
- Handlung und Motorik

Die Allgemeine Psychologie befasst sich demnach sowohl mit der Intelligenz des Menschen als auch mit Trieben und anderen auf das Verhalten einwirkenden Kräften wie Emotionen und Motivationen. Eine der

Hauptfragestellungen der Allgemeinen Psychologie ist die nach allgemein gültigen Aussagen über das menschliche Verhalten und Erleben.

Anders gesagt: Die Allgemeine Psychologie untersucht Regelmäßigkeiten, Gründe und Ursachen, die sich grundlegend für den Menschen finden lassen. Im Bereich der Forschung dieser Teildisziplin wird mit Empirie gearbeitet, d.h. sie basiert auf Erfahrungen und Beobachtungen.

Biologische Psychologie

Die Biopsychologie (auch Psychobiologie oder Biologische Psychologie genannt) ist die nächste große Teildisziplin der Psychologie. Sie beschäftigt sich mit Fragen und Zusammenhängen rund um biologische Prozesse im menschlichen Körper und im menschlichen Verhalten.

Auf die gleiche Weise behandelt die Biopsychologie auch tierisches Verhalten. Zu den biologischen Prozessen gehören insbesondere neuronale und hormonelle, aber auch biochemische Prozesse. Im gleichen Zug werden auf diese Weise auch Auswirkungen dieser Vorgänge auf Gedankenprozesse und Träume analysiert. Die Biopsychologie unterteilt sich ihrerseits in sechs Teilgebiete. Diese werden im Folgenden näher beleuchtet.

PHYSIOLOGISCHE PSYCHOLOGIE

Die erste Teildisziplin ist die der Physiologischen Psychologie. Dieser Teilbereich fokussiert sich mehr auf die theoretischen Grundlagen und ist weniger anwendungsorientiert. Untersuchungen finden hauptsächlich statt, um neue Theorien zu bilden oder bereits bestehende weiterzuentwickeln. Insgesamt beschäftigt sich dieser Teilbereich mit den neuronalen Mechanismen des Verhaltens. Dazu wird u.a. das zentrale Nervensystem manipuliert, um Veränderungen und Auswirkungen festzu-stellen.

Ein Beispiel für diese Arbeit liefert ein berühmtes Experiment des spanischen Physiologen José Rodríguez Delgado. Er manipulierte in einer der spanischen Stierkampfarenen den Stier, sodass er ihn von einem Angriff abhielt. Dazu stimulierte er ein bestimmtes Hirnareal, den Nucleus caudatus, sodass der Stier auf der Stelle abbremste und umkehrte. Delgado löste den Stimulus anhand eines von ihm entwickelten

Stimoceivers aus. Dieser wurde zuvor in das Gehirn des Stieres eingesetzt und konnte wiederum mit einer Fernbedienung betätigt werden.

PSYCHOPHARMAKOLOGIE

Die Psychopharmakologie beschäftigt sich mit den Auswirkungen und Effekten, die unterschiedliche Wirkstoffe auf das Nervensystem sowie auf das Verhalten und Erleben des Menschen haben. Wirkstoffe sind in diesem Zusammenhang überwiegend sogenannte Psychopharmaka, aber auch andere psychotrope, d.h. die Psyche beeinflussende Stoffe.

Bei allen Wirkstoffen handelt es sich um chemische Substanzen, die zwar Auswirkungen auf physiologischer Ebene sowie auf das Verhalten und Erleben des Menschen haben, für normale Zellfunktionen jedoch nicht notwendig sind.

Die Wirkstoffe werden so verabreicht, dass sie das zentrale Nervensystem erreichen können. Dort wird ihre Wirkungsweise für die Psychopharmakologie interessant, denn auf diese Art sollen psychische Störungen biologisch erschlossen werden können. Auch soll die Psychopharmakologie dazu beitragen, psychische Störungen und Krankheiten medikamentös zu behandeln. Insbesondere die unterschiedliche Wirkung einiger Substanzen auf verschiedene Menschen sowie die Auswirkung von Placebos (dazu später mehr) stellen immer wieder Problemfelder im Bereich der Psychopharmakologie dar.

NEUROPSYCHOLOGIE

Die Neuropsychologie ist Teil der Klinischen Psychologie sowie der Neurowissenschaften. Sie stellt somit einen interdisziplinären Teilbereich dar. Hauptgegenstand der Neuropsychologie sind die Auswirkungen physiologischer Prozesse im zentralen Nervensystem auf die Psyche.

Neuropsychologische Therapien sollen dazu in der Lage sein, Schädigungen im Gehirn zu behandeln. So befasst sich die Disziplin z.B. mit Behandlungsmöglichkeiten von Schädel-Hirn-Traumata, Schlaganfällen und Hirntumoren. Die wissenschaftlichen Methoden sollen langfristig dazu beitragen können, den Patienten einen störungsfreien oder störungsreduzierten Alltag zu ermöglichen und auf diese Art und Weise auch Ängste und Depressionen reduzieren. Im Vergleich zu einigen der anderen Disziplinen ist die Neuropsychologie jedoch noch recht jung.

PSYCHOPHYSIOLOGIE

Der Bereich der Psychophysiologie hat die Beziehungen zwischen psychischen Prozessen und physischen (also körperlichen) Funktionen zum Gegenstand. Zu den psychischen Prozessen gehören z.B. Verhaltensweisen und Bewusstseinsvorgänge wie Stressreaktionen, Emotionen, Orientierungsreaktionen, wechselseitige physiologische Reaktionen oder das unmittelbare Erleben von Angst.

Ebenfalls werden Entspannung, Erregung, Erholung, Schlaf und Wachen als Verhaltensweisen und menschliches Erleben untersucht. Im speziellen Bereich der kognitiven Psychophysiologie werden Informationsverarbeitung und kognitive Leistung untersucht.

Und schließlich werden im Rahmen der sogenannten psychophysiologischen Emotions- und Persönlichkeitsforschung auch biologische Bedingungen für verschiedene Persönlichkeitseigenschaften sowie psychosomatische und psychiatrische Krankheiten untersucht.

Zu therapeutischen Zwecken haben sich u.a. psychophysiologische Entspannungstechniken entwickelt, die z.B. durch Muskelspannung wirken und unterstützen. Auch sogenannte Lügendetektoren basieren auf psychophysischen Methoden. Sie stützen sich auf psychophysischen Rückwirkungen, um den Wahrheitsgehalt einer Aussage zu erkennen (z.B. Schwitzen, Zittern, etc.). Diese Anwendungsgebiete und ihre Genauigkeit sind allerdings noch stark umstritten. Aufgrund der starken Nähe zu den Gegenständen der Neuropsychologie wird die Psychophysiologie teilweise auch als Teil der Neurowissenschaften betrachtet.

KOGNITIVE NEUROWISSENSCHAFT

Der Bereich der kognitiven Neurowissenschaft stellt neuronale Mechanismen, welche mit kognitiven Fähigkeiten im Zusammenhang stehen, in den Mittelpunkt. Überschneidungen dieser Teildisziplin finden sich mit Teilbereichen der Kognitionswissenschaft und der kognitiven Psychologie. Anders als die kognitiven Neurowissenschaften leistet die kognitive Psychologie allerdings keinen Versuch, den menschlichen Geist zu verstehen. Sie beschäftigt sich ausschließlich mit den neurobiologischen Prozessen, die hinter dem Geist stehen.

Beide Teildisziplinen beeinflussen sich jedoch gegenseitig dadurch, dass sie verschiedene Aspekte der gleichen Grundlage behandeln.

Teilweise werden von Expertenseite Risikofaktoren und Kritikpunkte an der kognitiven Neurowissenschaft eingeworfen. Dazu gehört u.a. der Einwand, dass ein allumfassendes Verständnis der Psyche und ihrer Prozesse allein auf Basis der Gehirnabläufe unmöglich zu erlangen sei. Außeneinflüsse, emotionale Faktoren und Interaktionen mit anderen Wesen spielen diesbezüglich eine ebenso große Rolle.

Außerdem wiesen einige Studien der kognitiven Neurowissenschaften Schwierigkeiten auf. So sind einige der Studien so teuer und aufwendig, dass sie mit nur wenigen Probanden arbeiten. Das wiederum sorgt dafür, dass diese Studien wesentlich weniger repräsentativ sind, als es die Forschung normalerweise anstrebt.

VERGLEICHENDE PSYCHOLOGIE

Diese Teildisziplin der Vergleichenden Psychologie untersucht verschiedene Arten im Hinblick auf ihre Evolution, ihre Genetik, ihr Verhalten und die Reaktion auf bestimmte pharmakologische Substanzen. Die Arten sind dabei nicht zwangsläufig eng mit dem Menschen verwandt und dennoch soll eine Übertragung der Ergebnisse auf den Menschen stattfinden.

Es werden Gemeinsamkeiten und Unterschiede untersucht. Und auch wenn die 1:1-Übertragung nicht ohne Weiteres stattfinden kann, können hilfreiche Feststellungen getroffen werden, die dazu beitragen, menschliches Verhalten besser zu verstehen.

Differentielle und Persönlichkeitspsychologie

Die Differentielle Psychologie und die Persönlichkeitspsychologie sind eine der größten Teildisziplinen der Psychologie. Dieser Bereich zählt im universitären Studium zu den Grundlagenfächern. Die drei Hauptaufgaben dieses Fachbereichs lauten:

1. Beschreibung und Erklärung individueller Unterschiede in psychologischen Merkmalen und Persönlichkeitseigenschaften
2. Erstellung und Einführung einer Theorie zur Persönlichkeit auf Basis empirischer Ergebnisse
3. Entwicklung von Strategien und Methoden der psychologischen Diagnostik

Obwohl beide Teilbereiche im universitären Kontext in der Regel zusammengefasst werden, lassen sich dennoch einige Unterschiede zwischen beiden Disziplinen feststellen. So fokussiert sich die Differentielle Psychologie auf inter-individuelle und intra-individuelle Unterschiede hinsichtlich bestimmter Persönlichkeitsmerkmale.

Das bedeutet: Es werden sowohl Personen oder Personengruppen auf Unterschiede untersucht und verglichen (inter-individuell) als auch Unterschiede innerhalb einer Person selbst (intra-individuell). So werden z.B. unterschiedliche körperliche Verfassungen innerhalb des Tagesablaufs oder in Bezug auf das Alter untersucht. Untersuchungen verschiedener Eigenschaften zwischen Geschlechtergruppen ist ein weiteres bekanntes Beispiel (etwa ob Frauen klüger, emotionaler oder leistungsstärker als Männer sind).

Die Persönlichkeitspsychologie hingegen fokussiert sich auf die individuellen Merkmale einer Person oder Personengruppe und deren Ursachen sowie Hintergründe. Ein Beispiel dafür ist die Untersuchung von unterschiedlicher Entwicklung bei Kindern im Zusammenhang mit ihrem sozialen Status (etwa, ob Kinder verschiedener sozialer Herkunft unterschiedliche gesundheitliche Perspektiven oder gar unterschiedliche Gesundheitszustände haben). Besonders populär sind in beiden Fällen auch die Untersuchung von Intelligenz und Kreativität.

Entwicklungspsychologie

Gegenstand der Entwicklungspsychologie ist das menschliche Verhalten und Erleben im Rahmen einer konkreten Zeitspanne. Dabei werden besonders überdauernde und aufeinander aufbauende Veränderungen dieses Verhaltens und Erlebens betrachtet.

Damit einher geht die Einflussnahme dieser Veränderungen auf biologische Fähigkeiten, wie etwa die Zu- oder Abnahme einer bestimmten Fähigkeit. Ebenfalls wird die Entwicklung des Geistes bzw. die sogenannte seelische Entwicklung des Menschen untersucht.

Die Einflussnahme von Krankheiten sowie kurze, reaktionsabhängige Veränderungen ohne Dauer gehören hingegen nicht zum Gegenstand der Entwicklungspsychologie. Zur Entwicklungspsychologie gehören insbesondere die folgenden Unterkategorien:

1. Die Entwicklung und Veränderungen des Organismus
2. Sozialisation im Allgemeinen sowie primäre Sozialisation (bezieht sich auf das Alter von 0 bis 3 Jahren, denn in diesem Lebensalter findet Sozialisation nur in der Familie statt) und sekundäre Sozialisation (ab dem Alter von 3 Jahren)
3. Lernen und Lernprozesse, Reifen, Maturation
4. Kritische und sensible Phasen der Entwicklung

Thematische Überschneidungen gibt es insbesondere in Bezug auf die seelische Entwicklung mit den Erziehungswissenschaften und der Sozialen Arbeit.

Sozialpsychologie

Auch die Sozialpsychologie ist ein wichtiger Teilbereich der Grundlagenfächer. In dieser Teildisziplin wird vorwiegend der Einfluss gesellschaftlicher Faktoren auf das Verhalten und das Erleben der Menschen untersucht. Im Mittelpunkt der Verhaltensweisen und des Erlebens stehen Wahrnehmung, Urteilsbildung, Gedächtnis, Emotionen und Motivation.

Soziale Einflüsse können z.B. gesellschaftlich bedingte Motivation und Emotionen sein, die häufig auf verankerten Normen und Vorstellungen beruhen. In der Sozialpsychologie stehen allerdings weniger die gesellschaftlichen Systeme und mehr die individuellen sozial-geprägten Motivationen und Emotionen im Fokus.

Die Sozialpsychologie wird entsprechend häufig auch als Teildisziplin der Soziologie verstanden und gelehrt. Sie ist außerdem eine wichtige Basis für die praktische Forschung. So liefert sie z.B. entscheidende Ergebnisse für die Anwendungsgebiete der Werbung, im Bereich von Schule und Arbeit sowie Umwelt und Gesundheit.

FORSCHUNGSGEBIETE

Die Sozialpsychologie umfasst eine Vielzahl an Forschungsgebieten. Kaum eine Disziplin der Psychologie ist so umfangreich. Einer der wichtigsten Bereiche ist der der sozialen Wahrnehmung. Diese beschreibt den Prozess des Aufnehmens, Sammelns und Interpretierens von individuellen Merkmalen einer Person.

Ebenfalls sehr bedeutsam ist der Bereich der sozialen Kognition, der sich damit beschäftigt, wie Menschen über andere Menschen denken und welche beteiligten Prozesse das Verhalten und Urteilen in sozialen

Interaktionen beeinflussen. In diesem Zusammenhang ist es von großer Bedeutung, zwischen automatisierten, also unbewussten und kontrollierten, also bewussten Prozessen zu unterscheiden. Der unbewusste bzw. automatisierte Prozess läuft von allein ab und stört in der Regel keine anderen Prozessabläufe. Bewusste bzw. kontrollierte Prozesse hingegen werden absichtlich in Gang gesetzt. In diesem Teilgebiet der Forschung werden auch die Ausbildung und das Beibehalten von Stereotypen untersucht.

Auch die Einstellungen zu bestimmten Umweltfaktoren oder Gruppen bzw. deren Bewertungen werden in der Sozialpsychologie untersucht. Hier finden Überschneidungen mit der Bildung von Stereotypen statt. In diesem Zusammenhang werden auch die Ausbildung und das Beibehalten von Vorurteilen in den Fokus der Sozialwissenschaften gerückt.

Genauso gehören Emotionen und Stimmungslagen zum Forschungsgegenstand. Entscheidend ist auch, inwieweit Umwelteinflüsse bzw. soziale Faktoren sich auf Emotionen und Stimmungen auswirken. Ebenso gehören Konstruktionen und Interpretationen der eigenen Person und der Zusammenhang zwischen dem Selbstbild und gesellschaftlichen Einflussfaktoren zum Forschungsgebiet der Sozialpsychologie.

Und schließlich untersucht die Sozialpsychologie auch die Ausbildung und Entstehung sozialer Gruppen und die Einnahme sozialer Rollen. Entscheidende Fragen sind u.a.:

- Warum bilden Menschen überhaupt soziale Gruppen?

- Welche Erwartungen werden an eine bestimmte Rolle oder eine Position innerhalb einer Gruppe gestellt?

- Wie unterscheiden sich die Gruppen bzw. welche Gruppenarten gibt es (z.B. Gruppen, die sich aufgrund gemeinsamer Aufgaben oder emotionaler Nähe bilden)?

- Welchen Einfluss haben Gruppen und Gruppendynamik auf den Einzelnen?

Damit ist das umfangreiche Gebiet der Sozialpsychologie noch nicht abschließend erklärt. Eine detailliertere Beleuchtung würde allerdings den Rahmen dieses Buches sprengen.

Der Bereich der Sozialpsychologie ist sehr umfangreich und umfasst viele weitere Teildisziplinen wie z.B. Kommunikationsfelder, die auch Überschneidungen oder fließende Übergänge zu anderen Disziplinen aufweisen können. Aufgrund dessen wird sie an vielen Universitäten als Schwerpunkt gelehrt bzw. steht bei einer Schwerpunktwahl zur Auswahl. Sie erfreut sich aufgrund ihrer Vielseitigkeit einer großen Anhängerzahl.

ABGRENZUNG ZU VERWANDTEN FACHGEBIETEN

Die Sozialpsychologe gilt als eigenständige psychologische Disziplin. Da sie allerdings Schnittmengen zu anderen wissenschaftlichen Disziplinen aufweist, ist eine genauere Abgrenzung notwendigerweise zu treffen. Oftmals sind die Grenzen zu anderen Disziplinen und Teildisziplinen fließend und inhaltliche Überschneidungen unvermeidbar.

Im Bereich der Psychologie weist die Sozialpsychologie insbesondere Gemeinsamkeiten mit der Persönlichkeitspsychologie auf. Beide Bereiche untersuchen das menschliche Verhalten und Erleben. Abgrenzend ist die Tatsache, dass die Sozialpsychologie den Fokus auf den Einfluss sozialer Faktoren wie gesellschaftliche Strukturen, soziale Situationen usw. legt.

Währenddessen untersucht die Persönlichkeitspsychologie den Einfluss von Persönlichkeitsmerkmalen. Da beide Bereiche (soziale Einflüsse und Persönlichkeitseigenschaften) jedoch gemeinsam das Verhalten und Erleben eines Menschen beeinflussen, sind die Übergänge zwischen beiden Disziplinen meistens fließend. Nicht selten liefern Studien relevante

Ergebnisse für beide Disziplinen und häufig sind Zusammenhänge unumgänglich.

Weiterhin kann es schwierig werden, die Sozialpsychologie von der Soziologie zu unterscheiden. Auch hier gibt es zahlreiche Überschneidungen und fließende Grenzen. Die Kernunterschiede zwischen beiden Wissenschaften liegen hier in der Art und Weise, wie soziales Verhalten untersucht wird. In der Soziologie wird der Fokus in der Regel auf strukturelle Variablen gelegt.

Das bedeutet, dass die Gründe für soziale Verhaltensweisen vorwiegend in gesellschaftlich bedingten Umständen gesucht werden, also z.B. in sozialen Rollen, Schichten, Strukturen und Normen. Hingegen sieht die Sozialpsychologie vorwiegend individuelle Sozialprozesse als Ursache für das Verhalten eines Menschen.

Dazu gehören u.a. Motive und Ziele eines Menschen, die natürlich wiederum gesellschaftlich bedingt sein können. Das macht die Unterscheidung besonders schwierig. Viele individuelle Sozialprozesse wären ohne vorangegangene gesellschaftliche Strukturen und Muster gar nicht denkbar.

Trotz all dieser Zusammenhänge ist es wichtig zu verstehen, dass die Sozialpsychologie eine der größten eigenständigen psychologischen Disziplinen ist und unabhängige Forschung und Wissenschaft liefert.

Klinische Psychologie – von psychischer Gesundheit und Krankheiten

Die Klinische Psychologie gehört in den Bereich der Angewandten Psychologie. Dieser Bereich wird häufig im universitären Bereich von den sogenannten Grundlagenfächern getrennt betrachtet. Die Angewandte Psychologie beschäftigt sich aktiv mit der Anwendung der psychologischen Methoden in der modernen Gesellschaft. Mehr zur Angewandten Psychologie folgt im nächsten Kapitel. Die Klinische Psychologie stellt den wahrscheinlich größten und bedeutsamsten Teil der Angewandten Psychologie dar.

Hier geht es insbesondere um die Behandlung psychischer Störungen oder Erkrankungen. Sie ist nicht selten eine der Hauptdisziplinen im universitären Studium. Teilweise werden sogar Studiengänge mit reinem Schwerpunkt der Klinischen Psychologie angeboten.

Die Klinische Psychologie behandelt all das, was sich viele Laien unter dem Psychologie-Kosmos vorwiegend vorstellen: krankhafte Störungen in der Psyche, ihre Ursachen und Therapiemethoden. Entsprechend interessant ist dieser Teilbereich häufig für junge Studierende.

DIE UNTERSUCHUNG VON PSYCHISCHER GESUNDHEIT

Die Klinische Psychologie legt den Fokus auf die psychische Gesundheit und Stabilität eines Menschen. Im Mittelpunkt stehen Untersuchungen von psychischen Störungen und Erkrankungen. Dazu werden mitunter zahlreiche Tests und Studien durchgeführt. Das Ziel der Klinischen Psychologie ist es, psychische Gesundheit zu verstehen, zu erreichen und zu erhalten. Das Vorbeugen, Behandeln und Lindern von psychischen Krankheiten, psychischen Leiden und Störungen sind dabei ganz zentrale Aspekte.

Auch das Erstellen von Diagnosen dieser Krankheiten und Störungen sowie Rehabilitationsmaßnahmen gehören zum Arbeitsbereich der Klinischen Psychologie. Therapeuten wollen gemeinsam mit Patienten Wege finden, diese Art der Erkrankungen zu heilen, ihnen vorzubeugen und nach erfolgreicher Therapie einen stabilen Zustand zu erhalten.

Bei der Untersuchung von psychischen Störungen werden biologische, soziale, verhaltensbezogene, kognitive und emotionale Ursachen und Hintergründe analysiert. Aber auch die Auswirkungen der psychischen Störungen auf andere Erkrankungen und auf das allgemeine Verhalten und Erleben des Menschen werden betrachtet und eingehend studiert.

Psychische Störungen und Erkrankungen scheinen in einigen Fällen andere Krankheiten zu begünstigen, zu erschweren oder sogar auszulösen. In diesem Zusammenhang wird eine Therapie im Rahmen der Klinischen Psychologie mittlerweile z.B. auch bei Krebspatienten oder Suchterkrankten eingesetzt. Die Klinische Psychologie befasst sich zudem auch mit dem Wirken von Störungen und Leiden auf Gruppen oder ganze Systeme. Im Rahmen einer Ausbildung im Bereich der Klinischen Psychologie werden neben theoretischer Forschung und Diagnostik auch Laborexperimente eingesetzt.

Da die Klinische Psychologie ebenfalls sehr vielseitig und komplex ist, finden sich häufig sehr viele Überschneidungen und Gemeinsamkeiten mit anderen Themengebieten. Eine Abgrenzung ist in einigen Fällen nicht nahtlos möglich. Thematische Überschneidungen und fließende Übergänge finden sich insbesondere zwischen der Klinischen Psychologie und den Bereichen der Neuropsychologie sowie der Medizinischen Psychologie.

Die Neuropsychologie beschäftigt sich allerdings ausschließlich mit neuronalen Prozessen, sodass nicht jeder Bereich der Klinischen Psychologie Gemeinsamkeiten aufweist. Auch mit der Gesundheitspsychologie und mit der Arbeitspsychologie kann es zu Gemeinsamkeiten und Überlappungen kommen.

Die Klinische Psychologie liefert wichtige Erkenntnisse für andere Teildisziplinen der Psychologie und betrifft daher eine Vielzahl anderer Teilgebiete mit. Gerade im Bereich der Arbeitspsychologie ist dies in der Praxis relativ häufig der Fall, da sich beide Disziplinen mit der Behandlung und Prävention von Traumata und Stresserkrankungen beschäftigen können.

Dies betrifft im Bereich der Arbeitspsychologie allerdings vorwiegend bestimmte Berufsgruppen, die dafür besonders anfällig sind (etwa im Bereich des Rettungsdienstes, des Militärs und der Polizei). Die Klinische Psychologie hingegen unternimmt keine Unterscheidungen dieser Art. Sie trifft grundsätzlich Aussagen für Menschen und deren Erkrankungen im Allgemeinen und fokussiert sich nicht auf eine begrenzte Zahl von Berufsgruppen.

UNTERDISZIPLINEN DER KLINISCHEN PSYCHOLOGIE

Die Klinische Psychologie ist derart vielseitig, dass auch sie sich in mehrere Unterdisziplinen einteilen lässt. Einer der wichtigsten Bereiche ist der Bereich der klinischen Neuropsychologie.

Diese Unterdisziplin beschäftigt sich mit den Veränderungen und Zuständen des Zentralnervensystems, die auf Störungen, Schäden und Leiden der Psyche zurückzuführen sind. Insbesondere in diesem Bereich sind Überschneidungen mit der (allgemeinen) Neuropsychologie (als Teil der Biopsychologie) möglich.

Auch die klinische Kinder- und Jugendpsychologie ist ein wichtiger Teilbereich der Klinischen Psychologie. In diesem Teilgebiet werden vorwiegend psychologische Familienberatungen, psychologische Kinder- und Jugendtherapien oder psychologische Familientherapien eingesetzt.

Die Klinische Psychologie kann auch andere Unterdisziplinen hervorbringen, deren detailliertere Beschreibung allerdings den Rahmen dieses Grundlagenbuches sprengen würde.

Mehr zur Angewandten Psychologie

Die Angewandte Psychologie sorgt für eine Verbindung zwischen den Grundlagenfächern der Psychologie, ihrer Methodenlehre und konkreten Anwendungsgebieten bzw. -fächern. Im Rahmen dieser Fächer wird das theoretische Wissen auf konkrete Probleme und Phänomene bezogen. Sie beschäftigt sich, wie der Namen bereits sagt, mit der gezielten *Anwendung* des psychologischen Fachwissens.

Die Wirkung psychologischer Effekte wird auf diese Weise in zahlreichen speziellen Bereichen erforscht. Es geht bei der Angewandten Psychologie also weniger um das theoretische Hintergrundwissen, sondern mehr um die Praxis des erlangten Wissens.

Neben der Klinischen Psychologie, die in der Regel auch universitär einen Hauptschwerpunkt darstellt, gehören auch eine Vielzahl anderer Anwendungsbereiche dazu. Einige der wichtigsten und größten Teildisziplinen der Angewandten Psychologie sollen in den nächsten Kapiteln vorgestellt werden.

WAS BEDEUTET ANGEWANDTE PSYCHOLOGIE?

Wer sich genauer mit der Angewandten Psychologie beschäftigen möchte, muss zunächst verstehen, welche Bedeutung überhaupt dahintersteckt. Grundsätzlich fasst die Angewandte Psychologie alle Teilbereiche der Psychologie zusammen, die sich auf die Anwendung des psychologischen Wissens konzentrieren. Insbesondere Alltagsphänomene sollen in diesem Bereich erforscht werden.

Sie stellt ganz bewusst einen Gegenpol zur Grundlagenpsychologie, bei der es hauptsächlich um Theorie und experimentelle Psychologie geht, dar. Insbesondere zu ihrer Entstehungszeit war die Unterscheidung der Angewandten Psychologie von den Grundlagenfächern besonders tragend. Heutzutage sind die Übergänge verschwommen.

So gibt es mittlerweile auch innerhalb der Angewandten Psychologie sowohl anwendungsorientierte als auch Grundlagenforschung. Auch fasst die Angewandte Psychologie mittlerweile so viele Teilbereiche zusammen, dass sie kaum noch als eine einzelne (allumfassende) Disziplin gelehrt werden kann.

Sie ist heutzutage derart vielseitig, dass man all den Teildisziplinen kaum gerecht würde, wenn man lediglich von der Angewandten Psychologie als solche sprechen würde. Auch die meisten Universitäten bieten mittlerweile zunehmend Spezialisierungen an.

Immer seltener findet man Lehrstühle ausschließlich für Angewandte Psychologie, diese haben sich immer häufiger auch auf Teildisziplinen dieses Feldes spezialisiert. Im Prinzip findet die Angewandte Psychologie in allen Bereichen statt, in denen Menschen generell tätig sind. Darum können die Spezialisierung vielseitig sein und eine beachtliche Anzahl konkreter Alltagsbereiche umfassen.

WIRTSCHAFTS-, MEDIEN- UND RECHTSPSYCHOLOGIE – WEITERE FORSCHUNGSGEBIETE DER ANGEWANDTEN PSYCHOLOGIE

Zahlreiche Forschungsgebiete gehören zur Angewandten Psychologie. Sie findet überall dort Anwendung, wo Menschen tätig und aktiv werden, also vor allem in jeglichen Arbeitsfeldern, aber auch Ausbildungsbereichen, im Gesundheitswesen und in der Politik. Drei der wichtigsten Teildisziplinen der Angewandten Psychologie, die Wirtschaftspsychologie, die Medienpsychologie und die Rechtspsychologie, werden im Folgenden genauer vorgestellt. Diese Teildisziplinen sind im modernen Kontext besonders groß und besonders wichtig geworden. Sie gehören zu den am häufigsten gelehrten Spezialgebieten der Angewandten Psychologie und finden sich an vielen Universitäten wieder.

Die Wirtschaftspsychologie

In der Teildisziplin der Wirtschaftspsychologie geht es um das Verhalten und Erleben des Menschen im wirtschaftlichen Kontext. Zu diesem gehören alle wirtschaftlichen Phänomene, Strukturen und Prozesse wie etwa der Markt, Unternehmen, Konsum und Investitionen. Gerade im heutigen Industriezeitalter ist die Wirtschaft in vielen Wissenschafts- und Forschungsbereichen ein Thema. So beschäftigt sich mittlerweile auch die Psychologie mit ihr. Da der wirtschaftliche Kontext sehr vielseitig und umfassend ist, ist auch die Wirtschaftspsychologie ein entsprechend komplexes Teilgebiet. Sie lässt sich folglich ebenfalls weiter unterteilen. Ihre Hauptgruppen sind die folgenden Gebiete:

- Arbeitspsychologie (inklusive Ingenieurpsychologie)
- Organisationspsychologie (inklusive Betriebspsychologie)
- Finanzpsychologie
- Führungspsychologie
- Marktpsychologie (inklusive Handels-, Konsum-, Verkaufs- und Werbepsychologie)

Des Weiteren umfasst die Wirtschaftspsychologie noch wenige kleinere Gruppen. Gelegentlich greift sie auf Fachwissen aus dem ökonomischen Kontext zurück.

Die Medienpsychologie

Die Medienpsychologie ist eine der jüngsten Teildisziplinen. Die Gründung der Zeitschrift „Medienpsychologie" fand im Jahr 1989 statt und lieferte den ersten wichtigen Baustein für dieses neue Teilgebiet.

Die Zeitschrift existiert auch heute noch, wurde aber im Jahr 2001 umbenannt in „Zeitschrift für Medienpsychologie". Mit Zunahme der Medienvielfalt verstärkte sich in den 1990er-Jahren das Forschungsinteresse in der Medienpsychologie. Im Jahr 2000 bildete sich schließlich auch die Fachgruppe Medienpsychologie der Deutschen Gesellschaft für Psychologie. Heutzutage umfasst dieser Bereich ein breites Spektrum verschiedenster Medien. Dazu gehören sowohl sogenannte Massenmedien (z.B. Zeitung und Fernsehen) als auch Individualkommunikationsmedien wie z.B. die E-Mail.

In der Medienpsychologie geht es weitgehend um das menschliche Erleben und Verhalten im Umgang mit Medien. Sie analysiert die Voraussetzungen für die Nutzung von Medien (z.B. motivationale Voraussetzungen und individuelle Kompetenzen) und untersucht die Wirkungen der Mediennutzung auf den Einzelnen und ganze Gruppe.

Dazu werden u.a. das allgemeine Nutzungsverhalten der Menschen betrachtet (sowohl von Unterhaltungsangeboten als auch Nachrichten und Lehrmaterialien), die Wirkung von Gewaltdarstellung oder von Werbung untersucht oder das E-Learning analysiert.

Mit der ständigen Erweiterung der modernen Medienlandschaft muss auch die Medienpsychologie stetig weiter wachsen und neue Kommunikations- und Werbemedien analysieren können. Sie ist entsprechend zwar eine junge Teildisziplin, befindet sich jedoch stark im Wachstum.

Die Medienpsychologie gehört zu den interdisziplinären Bereichen, da Medienwirkungen auch stets im Kontext historischer, kultureller, politischer und gesellschaftlicher Einflussfaktoren zu betrachten sind. So gibt es immer wieder Überschneidungen und fließende Übergänge sowie interdisziplinäre Studien mit den Bereichen der Ökonomie, Soziologie, Kommunikationswissenschaft, Politikwissenschaft, und vielen weiteren Disziplinen.

Außerdem liefert sie mit ihren Untersuchungen auch wichtige Erkenntnisse zur (Weiter-)Entwicklung von Medien und zur Optimierung medialer Inhalte.

Die Rechtspsychologie

Auch die sogenannte Rechtspsychologie gilt als Teildisziplin der Angewandten Psychologie, auch wenn sich Wissenschaftler seit vielen Jahren um eine einheitliche Definition für diesen Bereich streiten. Sie geht mit einer deutlich längeren Geschichte einher als die modernere Medienpsychologie und findet ihre groben Anfänge bereits im 16. Jahrhundert.

Deutlich stärker ausgebildet hat auch diese Disziplin sich aber in den 1990er-Jahren. Grob zusammengefasst beschäftigt sich die Rechtspsychologie mit Tätern, Opfern und der Polizeiarbeit im Straf- und im Zivilrecht. So werden beispielsweise Gewalttaten als Ausdruck von psychopathologischem Verhalten untersucht oder die Glaubwürdigkeit von Zeugen und Täteraussagen geprüft. Die Rechtspsychologie umfasst zwei Hauptteile:

1. Die Forensische Psychologie und

2. Die Kriminalpsychologie

Die Forensische Psychologie arbeitet in erster Linie mit psychologischen Begutachtungen im Rechtsverfahren (vorwiegend im Strafrecht oder im Familienrecht, insbesondere bei Sorgerechtsstreitigkeiten). Gutachter überprüfen hier vor allem die Glaubwürdigkeit einzelner Aussagen.

So sollen Zeugenaussagen auf ihren Wahrheitsgehalt überprüft werden oder Entscheidungen im Sinne des Kindeswohles zuverlässiger getroffen werden können. Auch verkehrspsychologische Beurteilungen gehören zum Bereich der Forensischen Psychologie. Der Bereich der Kriminalpsychologie umfasst vorwiegend die Erklärung bzw. Erklärungsversuche, die Prävention und die Intervention in Bezug auf kriminelles Verhalten.

Ebenso gehört zur Kriminalpsychologie die Arbeit im Strafvollzug, z.B. im Rahmen der Resozialisierung eines Strafgefangenen. Auch die Tätigkeit des Polizeipsychologen bzw. des vor allem aus dem englischen Sprachraum bekannten *Profilers* kann in diesen Bereich fallen. Diese Berufsperspektive ergibt sich allerdings in der Regel für Kriminalisten und nicht für studierte Psychologen. Sie ist im europäischen, besonders im deutschsprachigen Raum auch weniger bekannt.

Weitere Teilgebiete der Angewandten Psychologie

Die Angewandte Psychologie hat neben diesen drei besonders bekannten Gebieten noch eine Vielzahl anderer Teilbereiche, deren detaillierte Erläuterung allerdings über den Zweck dieses Grundlagenbuchs hinausgehen würde. Zum Zwecke eines besseren Verständnisses für die Vielfältigkeit dieses Bereiches sei an dieser Stelle nur eine Übersicht weiterer Teilgebiete der Angewandten Psychologie gegeben:

- Die Pädagogische Psychologie
- Die Friedenspsychologie
- Die Gesundheitspsychologie
- Die Militärpsychologie
- Die Politische Psychologie
- Die Musikpsychologie
- Die Religionspsychologie

- Die Schulpsychologie
- Die Umweltpsychologie

Aufgrund der Vielseitigkeit der Angewandten Psychologie ist auch diese Liste noch nicht vollständig, bietet aber eine gute Übersicht über die zahlreichen Möglichkeiten der psychologischen Einsatzgebiete. Zusam–menfassend lässt sich außerdem festhalten, dass die Angewandte Psychologie stetig wachsen kann, da sich auch das menschliche Agieren ständig im Wandel befindet und immer neue Teilgebiete betrifft.

Auch der Zuwachs an innovativen Medien, neuen Arbeitsfeldern, neuartigen Systemen und der Digitalisierung können den zukünftigen Anwendungsbereich der Angewandten Psychologie ausweiten.

Psychologie im Alltag

Wie Psychologie in der Theorie und Wissenschaft aussieht, wurde nun zu Genüge erklärt. Doch wie verhält es sich mit der Praxis, insbesondere auf den einfachen Bürger bezogen? Wie sieht Psychologie im Alltag aus? Und wie findet psychologische Beeinflussung im alltäglichen Leben statt? Und gibt es etwas, dass der Einzelne gegen psychologische Effekte tun kann? All diese und weitere Fragen sollen in den folgenden Kapiteln beantwortet werden.

Psychologie beeinflusst den Alltag der Menschen in einem hohen Maß, so viel ist sicher. Psychologische Effekte können zu Denkfehlern oder bestimmten Entscheidungen und Bewertungen führen. Und nicht selten wird Psychologie ganz gezielt eingesetzt – in der Politik, in den Medien, in der Werbung und manchmal sogar im privaten Raum. Sie werden an einigen Stellen sicherlich überrascht sein.

PSYCHOLOGISCHE BEEINFLUSSUNG – VON KOGNITIVEN VERZERRUNGEN, NUDGING UND AFFIRMATIONEN

Es gibt viele Möglichkeiten, wie psychologische Effekte den Alltag der Menschen beeinflussen können. Vier Bereiche der Psychologie sollen im Folgenden vorgestellt werden: Die Kognitiven Verzerrungen, sogenanntes *Nudging*, die Kommunikationspsychologie und die Positive Psychologie. Diese vier Bereiche spielen im Alltag eines jeden Menschen eine immer größer werdende Rolle. Kognitive Verzerrungen sorgen für falsche Denkmuster sowie Denkfehler und können für unbewusste Beeinflussung von Entscheidungen und Bewertungen ursächlich sein. Sie unterlaufen jedem Individuum mehrfach im Alltag. Sogenannte *Biases* (zu Deutsch: *Vorurteile*, auch *Verzerrungen* genannt) spielen dabei eine große Rolle.

Nudging (zu Deutsch: *(an)stoßen, stupsen, wegschieben*) ist in der modernen Welt ebenfalls von großer Bedeutung. Nudging wird in vielen Arbeitsfeldern ganz gezielt eingesetzt, um z.B. Kunden oder Bürger zu einem gewünschten Verhalten zu bewegen. Zwar kommt dieser Begriff nicht direkt aus dem psychologischen Bereich, doch liefern psychologische Erkenntnisse und Wissensspektren das entscheidende Fundament. Die Kommunikationspsychologie ist ein spezieller Teilbereich der Psychologie, genauer gesagt der Sozialpsychologie. Sie befasst sich mit jeglicher Form der zwischenmenschlichen Kommunikation und Interaktion spielt daher im Alltag einer jeden Person eine große Rolle.

In einem etwas anderen Kontext wird heutzutage auch vermehrt von sogenannter *Positiver Psychologie* gesprochen. Die positive Psychologie beschäftigt sich mit Motivationspsychologie und Affirmationen und kann von Personen oftmals eigenständig eingesetzt werden, um Verbesserungen des Alltags zu schaffen. Ein offizieller Teilbereich der Psychologie ist sie (zumindest in Deutschland) allerdings nicht. Gerade im Zeitalter von *Positivem Denken, Mindfulness* und sogenannten Lebensoptimierungen werden aber Aspekte der Positiven Psychologie immer häufiger von Individuen aufgegriffen.

Die folgenden Kapitel sollen nun auf diese vier Bereiche detaillierter eingehen. Daneben gibt es natürlich noch zahlreiche weitere psychologische Wissenschaftsbereiche, die das Leben der Menschen auf bewusste oder unbewusste Art und Weise beeinflussen. Doch mit diesen vier Themengebieten soll bereits ein gutes Maß an Grundwissen abgedeckt werden.

Von Vorurteilen und Denkfehlern – Kognitive Verzerrungen und Heuristiken

In der Psychologie werden sie ständig untersucht, denn sie beeinflussen den Menschen in zahlreichen (Alltags-)Situationen: Kognitive

Verzerrungen und Heuristiken. Was genau steckt dahinter? Wieso ist der Mensch so anfällig für Denkfehler? Und wie kann man sich davor schützen?

Kognitive Verzerrung ist ein Oberbegriff für alle Arten von systematischen Fehlern, die das Denken, Wahrnehmen, Erinnern und Urteilen betreffen. Fehler dieser Art machen die Menschen nur allzu häufig. Sie fallen allerdings nur selten auf und geschehen dennoch in allen denkbaren Situationen. Im Rahmen psychologischer Forschung werden kognitive Verzerrungen immer wieder untersucht und beobachtet.

Dazu werden meistens zahlreiche Probanden auf systematische Fehler beim Denken, Wahrnehmen, Erinnern oder Urteilen untersucht. Sie werden z.B. mit Fragen oder Handlungsaufforderungen konfrontiert, die von beobachtenden Psychologen betrachtet und analysiert werden.

Ihre Handlungen und Aussagen werden anhand von sogenannten *rationalen Vergleichsstandards* bewertet. Sie funktionieren ähnlich wie eine Kontrollgruppe. Solche rationalen Vergleichsstandards sind objektiver und faktischer Natur, sodass die Handlungen und Aussagen der Probanden an ihnen gemessen und auf ihre Richtigkeit überprüft werden können. Werden Fehler von den Probanden nicht nur vereinzelt und zufällig gemacht, sondern treten systematisch und damit häufig auf, spricht man von kognitiven Verzerrungen. Die auf diese Art getroffenen Entscheidungen, Wahrnehmungen oder Beurteilungen werden in der Psychologie als fehlerhaft, falsch oder irrational bezeichnet. Die Analyse, Erklärung und ggf. Vorbeugung eben dieser sind wichtige Teilgegenstände der psychologischen Wissenschaft.

Menschen treffen ihre Entscheidungen in der Regel unter Beeinflussung von natürlichen, häufig intuitiven Heuristiken. Heuristiken sind in der Psychologie einfache Denkstrategien, mit denen der Mensch zu effizienten und schnellen Problemlösungen gelangen kann.

Der Vorteil einer Heuristik besteht in ihrer ressourcensparenden Art, Urteile zu fällen und Entscheidungen zu treffen. Es werden weder viel Zeit noch größerer Denkaufwand oder gar Rechnungen benötigt. Noch dazu sind Heuristiken in der Regel so angelegt, dass sie in den meisten Lebenssituationen zu ausreichend stimmigen Ergebnissen führen. Gerade dort, wo keine oder nur unvollständige Informationen vorhanden sind, werden sie (unbewusst) genutzt. Auf diese Weise können Entscheidungen trotz des Informationsmangels schnell getroffen werden. Heuristiken bieten dem menschlichen Denken den Vorteil, dass sie effizient sind. Sie sorgen dafür, dass schnelle und einfache Lösungen gefunden werden.

Viele Heuristiken beruhen auf Erinnerungen an frühere Erlebnisse und Ergebnisse oder auf Informationen, die zufällig gerade vorhanden oder greifbar sind. Rationale Entscheidungen würden häufig wesentlich mehr Denkleistung und Zeit in Anspruch nehmen. Dafür sind rationale Entscheidungen sinnvoll und fehlerfrei, während Heuristiken dazu neigen, fehleranfällig zu sein. Der Nachteil einer Heuristik liegt also darin, dass sie gerade in komplexen und ungewöhnlichen Situationen zu einem vorschnellen und oftmals falschen Ergebnis führt. Besonders riskant ist dies, wenn es sich um große und wichtige Entscheidungen und Urteile handelt, deren Tragweite über das einer kleinen Alltagsentscheidung hinaus geht.

Heuristiken werden von Menschen ganz unbewusst genutzt. Es wird nicht bemerkt, häufig sogar abgestritten, dass Denkfehler unterlaufen sein könnten. Leider sind alle Arten von Heuristiken bzw. kognitiver Verzerrungen nur sehr schwierig auszuschalten. Ein paar besonders interessante und häufig auftretende Fälle werden in einem späteren Teil dieses Buches genauer erklärt. Dazu werden auch Hinweise gegeben, wie man sie im Einzelfall minimieren kann. Das erfordert in der Regel einen wesentlich größeren Zeit- und Denkaufwand, kann sich aber im Ergebnis auszahlen.

Nudging – gezielte Beeinflussungen

Der Begriff Nudging kommt aus der Verhaltensökonomik und bedeutet im Deutschen so viel wie *Stups* oder *Schubs*. Gemeint ist ein psychologischer Denkanstoß, der Menschen zu einer ganz bestimmten Entscheidung oder Beurteilung bewegen soll. Die Methode der Beeinflussung soll gezielt auf Verbote und Gebote verzichten und nur durch psychologische Wirkungsweise funktionieren.

Dabei soll die Beeinflussung so subtil wie möglich stattfinden. Wirksame Nudges sprechen in der Regel mehrere Individuen an, nicht nur eine einzelne Person. Sie versuchen, ganze Gruppen, z.B. Nachbarschaften oder Altersgruppen zu erreichen und setzten auf soziale Verhaltensweisen. Menschen fühlen sich oft eher angesprochen bzw. sind eher dazu bereit, etwas zu verändern, wenn sie sehen, dass eine Gruppe, der sie sich zugehörig fühlen, das überwiegend genauso macht.

In der Wirtschaftswissenschaft wird sogenanntes Nudging z.B. beim Marketing und Verkauf eingesetzt, um Kunden zu einer bestimmten Kaufentscheidung zu bewegen. Dazu gehören in diesem Bereich u.a. Produktinformationen und Warenpräsentation. Wird Ware in einem Supermarkt z.B. auf Augenhöhe präsentiert, wird sie eher und häufiger von einem Kunden gekauft – schlichtweg deshalb, weil sie im unmittelbaren Blickfeld ist. Die Ware, die besonders häufig verkauft werden soll, wird also meistens auf Augenhöhe eines durchschnittlich großen Kunden präsentiert. Wer genau hinschaut, wird z.B. auch bemerken, dass kostengünstigere Produkte häufig ganz unten im Regal stehen. Dort werden sie am wenigsten bemerkt.

Ein besonders häufig verwendeter Nudge ist auch das Setzen von sogenannten *Defaults*, zu Deutsch: *Standards.* Solche Standardeinstellungen werden von Kunden und Nutzern in der Regel selten geändert, weil das mit Aufwand und/ oder Kosten verbunden wäre. Unternehmen können auf diese Weise etwa eine Standardeinstellung nutzen, um eine bestimmte Nutzung zu fördern.

Eine Universität in New Jersey testete diesen Nudge, indem sie die Standarddruckereinstellung auf „doppelseitig" stellte. Zuvor war die Standardeinstellung „einseitig". Tatsächlich erfolgten daraufhin vielmehr doppelseitige Drucke – die für die Umwelt und auch für den Nutzer, der dadurch in der Regel kleine Summen sparen konnte, höchst erfreulich waren. Obwohl diese beiden Vorteile aber auch vorher durch doppelseitiges Drucken hätten erzeugt werden können, wurde in der Regel die Standardeinstellung „einseitig" nicht verändert.

Ebenfalls häufig genutzt werden sogenannte Informations-Nudges. Diese bieten den Kunden und Nutzern, wie der Name bereits verrät, zusätzliche Informationen, die eine Kauf- oder Nutzungsentscheidung beeinflussen sollen. Ein solcher Informations-Nudge ist z.B. eine Lebensmittelampel, die mit den Farben Rot, Gelb und Grün die Nährwertinformationen verdeutlicht.

Der Wirtschaftswissenschaftler Richard Thaler und der Rechtswissenschaftler Cass Sunstein, auf deren Forschung auch der Begriff des Nudgings zurückgeht, fanden in vielen weiteren Experimenten die Wirkung zahlreicher Nudges heraus. Ein besonders simples und gleichermaßen überraschendes Beispiel bietet der Fliege-im-Urinal-Trick: Dabei wurde ein Bild einer Fliege in einem Urinal angebracht, um Urin auf dem Boden zu verringern. Tatsächlich verringerte sich der Urin auf dem Boden um ganze 80% - da die urinierenden Männer auf die Fliege im Urinal zielten. Dabei wurde außer dem Bild der Fliege nichts verändert (kein zusätzliches Hinweisschild o.ä.). Selbst ein solcher Nudge funktionierte.

Nudges und ihre Wirksamkeit in der Politik werden ebenfalls zahlreich untersucht. Aus politischer Perspektive ist besonders interessant, wie Nudges anstelle strengerer Gesetze und Verbote treten können. Dabei geht es z.B. um Umweltschutz oder Gesundheit. Nudges seien billiger und würden weniger Entrüstung und Diskussion auslösen als strenge Verbote. Einige Stimmen gehen daher davon aus, dass sie eine gute und sogar gleichermaßen wirksame, wenn nicht sogar wirksamere Alternative zu Verboten darstellen würden.

Beispiele für solche politisch initiierten Nudges im Gesundheitsbereich könnte z.B. das Umstellen von Süßwaren im Laden sein. Anstelle von einem Verbot der ungesunden Leckereien könnten die Läden einfach dazu gebracht werden, die Süßigkeiten an einer Stelle zu positionieren, an der sie von Kunden schlechter gesehen werden. Süßigkeiten an der Kasse könnten ganz verboten werden. Bereits in Studien zeigte sich, dass Gäste an einem Buffet seltener zu den süßen Kuchen und Croissants griffen, wenn diese eher außer Reichweite platziert und stattdessen Obst direkt griffbereit stehen würde.

Auf die Art könnte auch der Kauf und Konsum von Süßwaren oder auch Alkohol und anderen ungesunden Produkten durch die Supermärkte reguliert werden. Übrigens stellt im Grunde genommen auch das Platzieren der Süßigkeiten in Kassennähe einen Nudge dar. Dieser ist jedoch eher aus verkaufsstrategischer und nicht aus gesundheitlicher Perspektive sinnvoll.

Eine andere Herangehensweise wäre es, die Hersteller dazu zu bewegen, Verpackungen für gesunde oder vegetarische Produkte besonders attraktiv zu gestalten. Ungesunde oder fleischlastige Produkte könnten im Sinne der Gesundheit oder der Nachhaltigkeit mit unattraktiven Verpackungen verkauft werden. Auch das könnte eine Alternative zu einem Fleischverbot im Supermarkt sein und würde gleichzeitig zu einer Reduzierung des Konsums führen. Auch die beängstigenden Bilder auf Zigarettenpackungen sind ein Nudge. Sie sollen die Kunden dazu bewegen, keine Zigaretten zu kaufen. Zwar erzielen sie noch nicht den gleichen Erfolg, wie es womöglich ein Verbot oder vielleicht auch eine Erhöhung der Tabaksteuer erreichen würde, doch sie wirken (zumindest ein bisschen).

Aus psychologischer Perspektive werden die Arbeiten von Thaler und Sunstein allerdings nicht nur befürwortet. Kritisiert wird u.a. schon die reine Theorie bzw. das Menschenbild, von dem ausgegangen wird. Während Thaler und Sunstein davon ausgingen, dass sich der Mensch irrational verhalte und deshalb durch Nudges beeinflussen lasse, geht die Psychologie weitestgehend davon aus, dass das Verhalten vielmehr auf einem Sinn beruhen würde (z.B. dem Einsparen von Zeit oder Mühe). Diese Verhaltensweisen seien daher nicht als Defizite zu bewerten. Mit dem theoretischen Ansatz von Thaler und Sunstein stimmen daher nicht alle Psychologen überein.

Auch was die Anwendung und Nutzung von Nudges betrifft, sind sich viele Kritiker uneinig. Ökonomen, Juristen und Philosophen streiten sich darum, ob und inwieweit Nudges überhaupt eingesetzt werden sollten. Für die einen ist Nudging eine hervorragende Alternative zu Verboten. Für andere scheint es beinahe einer Täuschung gleichzukommen.

Neuere psychologische Studien zeigen, dass das menschliche Verhalten auch bei vernünftigen Optionen nicht rein rational ist. Vielmehr beeinflussen äußere Umstände oder innerlich geschehende Denkfehler eine Entscheidung und eine Verhaltensweise. Rationalität steht im Konflikt mit Vorurteilen, Bequemlichkeit, Gewohnheiten, Einfachheit und sozialem Druck bzw. sozialen Verhaltensweisen. Das wiederum bedeutet, dass ein Nudge den Menschen nicht auf eine rationale Entscheidung aufmerksam machen würde. Der Mensch erkennt nicht, dass er zu einem rationalen Verhalten bewogen wird. Er handelt eher aus Bequemlichkeit heraus oder sozialem Druck.

Das ist zwar genau das, was Nudging so wirkungsvoll macht, führt aber gleichzeitig dazu, dass einige Stimmen davon sprechen, Nudging würde den Menschen manipulieren und zu einem Verhalten zwingen. Da der Mensch aber Handlungsoptionen und Handlungsspielraum haben sollte und sich in einem transparenten Raum bewegen möchte, sei

Nudging keine angemessene Methode. Nudging stelle eine Manipulation des Willens dar und könnte in einigen Fällen sogar auf unmoralische Art dazu führen, dass ein Individuum aufgrund eines Nudges anderer Wertvorstellungen vergessen würde.

Ein Beispiel für diese Theorie ist die Diskussion über Organspenden. Immer wieder wird darüber gestritten, wie Menschen zu Organspenden bewegt werden könnten, ohne moralische Werte zu verletzen. Ein Vorschlag, der in den frühen 2000er-Jahren diskutiert wurde, beabsichtigte, bei der Aushändigung des ersten Führerscheins direkt die Registrierung als Organspender vorzunehmen.

Zwar hätten Fahranfänger dieser Registrierung widersprechen dürfen, man ging jedoch davon aus, dass die Freude über den Führerschein so groß sei, dass viele der jungen Kandidaten die Vorauswahl akzeptieren würden, ohne lange darüber nachzudenken. Kulturelle, religiöse und sehr persönliche Ansichten und Fragen wären durch diese Vorgehensweise ausgeblendet worden. Gleichzeitig hätte man aber die Spenden für lebensnotwendige Organe erhöhen können. Dieser Vorschlag setzte sich aufgrund heftiger Diskussionen und Gegenstimmen nie durch.

Die Frage, wie häufig und in welcher Form Nudges eingesetzt werden dürfen sollen, ist nach wie vor nicht geklärt. Fakt ist, dass sie sich in vielen Fällen bereits als wirksame Alternativen zu Verboten oder Geboten erweisen. Wie oft Sie in Ihrem Alltag Nudges begegnen, wissen Sie vermutlich nicht. Allerdings sind die meisten bisher verwendeten recht harmlose und sorgen selten für kontroverse Diskussionen. Die Zukunft wird zeigen, in welche Richtung sich Diskussionen und Einsatzmöglichkeiten in den nächsten Jahren entwickeln.

Kommunikationspsychologie

Die Kommunikationspsychologie ist ein Teilbereich der Psychologie. Sie beschäftigt sich – wie die Bezeichnung bereits aussagt – mit

Kommunikation bzw. kommunikationsbezogenen Prozessen. Im Vordergrund steht in diesem Bereich vor allem die zwischenmenschliche Kommunikation. Ziel ist es, Kommunikationsprozesse zu untersuchen und ihren Verlauf zu erklären.

Auch die Vorhersage der Wendungen im Rahmen eines Kommunikationsaktes und die Verbesserung der Kommuni–kationsprozesse werden dabei erforscht. Kommunikation soll mithilfe dieses Teilbereiches der Psychologie problemlos und für alle beteiligten Gesprächspartner erfolgreich ablaufen können.

Da Kommunikation ein wichtiger Bestandteil aller zwischenmenschlichen Beziehungen und Zusammenkünfte ist, findet Kommunikationspsychologie in allen denkbaren Lebenslagen Anwendung. So wird sie gleichermaßen im privaten Umfeld, z.B. in Familien, Partnerschaften oder Freundschaften wie auch im öffentlichen Raum eingesetzt. In diesem Bereich vorrangig zu nennen sind u.a. Therapie-, Coaching- und Beratungssituationen, Mitarbeitergespräche und Führungskommunikation, die Lehre, der Verkauf (u.a. für Verkaufsverhandlungen) und die Kommunikation zwischen Arzt und Patient.

Die Kommunikationspsychologie greift bei ihrer Forschung auf Untersuchungsergebnisse und Methoden aus anderen (Teil-) Disziplinen zurück. Zu diesen gehören vor allem die Kommunikationswissenschaften, die Sozialpsychologie und die Sprachpsychologie. Diese Disziplinen beinhalten Studien und Erkenntnisse über zwischenmenschliche Kommunikation, sprachliches Interagieren und soziales Miteinander.

Aus psychologischer Sichtweise ist Kommunikation auch deshalb so interessant, weil sie als Möglichkeit zur wechselseitigen Steuerung und Kontrolle von menschlichem Verhalten betrachtet wird. Zwei oder mehrere miteinander kommunizierende Menschen beeinflussen sich in ihrem Verhalten und ihren Reaktionen permanent gegenseitig. Dies bezieht sich vor allem – wenn auch nicht ausschließlich – auf das Verhalten.

Insbesondere drei Grundregeln werden in diesem Bereich der Kommunikation seit langem anerkannt:

1. „Man kann nicht *nicht* kommunizieren." Das bedeutet, dass jede Form menschlichen Gegenübertretens eine Art der Kommunikation ist. Selbst Gesten wie Schweigen, Abwenden und Ignorieren senden einem anderen Menschen eine bestimmte Nachricht. Kommunikation ist weit mehr als nur Sprache und kann im zwischenmenschlichen Verhalten nicht vermieden werden.

2. Kommunikation hat stets einen Inhaltsaspekt und einen Beziehungsaspekt. Der Beziehungsaspekt bestimmt den Inhaltsaspekt.

3. Zwischenmenschliche Kommunikationsabläufe sind – abhängig von der Beziehung zwischen den interagierenden Parteien – entweder symmetrisch oder komplementär. Basiert die Beziehung beider Parteien auf Gleichheit, sind diese Abläufe symmetrisch. Basiert sie auf Unterschiedlichkeiten, sind sie wiederum komplementär.

Diese drei Grundregeln werden bei modernen Forschungen im Rahmen der Kommunikationspsychologie stets zugrunde gelegt.

Motivation durch Affirmationen – Positive Psychologie

Wenn Sie schon einmal von Affirmationen und Motivationsmethoden gehört haben, ist Ihnen womöglich auch die *Positive Psychologie* bereits ein Begriff. Diese Bezeichnung wurde erstmals im Jahr 1954 durch den US-amerikanischen Psychologen Abraham Maslow geprägt. Die Inhalte gehen teilweise jedoch auf wesentlich frühere philosophische Grundlagen zurück.

Was genau hinter der Strömung der Positiven Psychologie steckt und wieso sie keine offiziell anerkannte psychologische Teildisziplin an deutschen Universitäten ist, wird im Folgenden genauer erläutert. Wie bei der wissenschaftlichen Psychologie insgesamt basieren die Ursprünge der Positiven Psychologie auf philosophischen Grundgedanken und Schriften.

Dabei legt die Positive Psychologie vor allem die Beschäftigungen zugrunde, die sich mit Tugenden, Talenten, Weisheit und Erfüllung im Leben befassen. Auch theologische Untersuchungen und Schriften, die diese Themen zum Inhalt hatten, wurden für spätere Forschung betrachtet.

Zu Zeiten von Abraham Maslow erfuhr die Positive Psychologie jedoch noch keinen größeren Bekanntheitsgrad. Die wissenschaftlich orientierte Psychologie befasste sich mit Positiver Psychologie erst viele Jahre später, genauer gesagt in den 1990er-Jahren. Der ebenfalls US-amerikanische Psychologe Martin Seligman griff diese Bezeichnung in seinen Forschungen wieder auf. Erste veröffentlichte Abhandlungen aus diesem Bereich tauchten erst um das Jahr 2000 auf.

Heute bezeichnet Positive Psychologie eine Strömung im Bereich der Psychologie. Der Hauptunterschied zu den meisten anderen Teildisziplinen besteht in ihrer positiven Orientierung. Sie stellt positive Aspekte wie Glück, Optimismus, Stärken und Solidarität in den Mittelpunkt der Forschung. So gehören u.a. Affirmationen als Mittel zur Selbstoptimierung und Gewaltfreie Kommunikation als Werkzeug zur Kommunikationsverbesserung zu den bekannten Methoden, die sich die Positive Psychologie zunutze macht.

Diese Schwerpunkte sind im Vergleich zu denen der übrigen Teilgebiete der Psychologie, die sich eher mit menschlichen Defiziten, z.B. Störungen, Denkfehlern, fehlerhaften oder irrationalen Verhaltensmustern, schlechter Kommunikation, etc. befassen, schon recht gegensätzlich. Allerdings werden in diesen Teilgebieten der Psychologie auch die verschiedensten Forschungen und Studien hinsichtlich der positiveren

Aspekte durchgeführt, z.B. wie Kommunikation besser funktionieren kann und wie unterschiedlichste Störungen langfristig geheilt werden können.

Positive Aspekte als Mittelpunkt der Positiven Psychologie

Positive Psychologie stellt alle als positiv zu bewerteten Lebensaspekte, die ein vermeintlich gutes Leben ausmachen, in den Mittelpunkt von Forschung und Untersuchungen. Diesbezüglich wird erforscht, erarbeitet und dargestellt, welche Aspekte dies sind, welche Bedingungen ein solches Leben begünstigen und welche Grundvoraussetzungen im Allgemeinen für menschliches Wohlbefinden sorgen.

Vielfach wird sich damit beschäftigt, wie sowohl Gruppen als auch Individuen eine dauerhaft stabile und gesunde Psyche erhalten können und auf welche Weise sie ihre Lebenszufriedenheit steigern und stabili–sieren können. Anhänger der Positiven Psychologie erklären, dass diese Zielsetzungen somit die Vervollständigung der Psychologie darstellen, da sich die Forschungen in diesem Feld mit Aspekten beschäftigen, die bislang außen vor gelassen wurden und auf diese Weise die übrigen Teilbereiche der Psychologie ergänzen. Das Anknüpfen an und das Aufbauen auf bereits vorhandene Erkenntnisse über Wohlbefinden und Zufriedenheit (etwa aus altphilosophischen Schriften) stelle dabei kein Hindernis bei der Gewinnung neuer Erkenntnisse dar. Positive Psychologie nutzt jedoch viele Methoden und Befunde, die auch heute noch in der Philosophie thematisiert werden.

Schwierigkeiten finden sich in der Definition des Wortes *positiv* wieder. Die Bezeichnung *Positive Psychologie* führt bei vielen Laien fälschlicherweise zu der Annahme, dass sich die übrigen Teilbereiche der Psychologie häufig nur mit negativen Aspekten wie Defiziten und Störungen beschäftigen. Auch wenn dies auf einige Bereiche sicherlich zutreffen mag, sollte für Sie als Leser aber anhand der bisherigen Kapitel dieses Buches mittlerweile klar geworden sein, dass auch positive Aspekte wie

Heilung und gute Kommunikation zu den Forschungsgebieten der Psychologie gehören.

Überhaupt ist die Einteilung verschiedener Lebensbereiche und Aspekte in die Kategorien *positiv* und *negativ* umstritten. Insbesondere im Bereich von Emotionen wird vielfach kritisiert, dass eine solche Einteilung dazu führen könnte, dass fortan bestimmte Emotionen als gut und andere grundsätzlich als schlecht betrachtet werden könnten. Und genau diese Sichtweise wollen Wissenschaftler vermeiden, da sie davon ausgehen, dass die Bedeutung und Wirkung einer Emotion von ihrem Kontext abhängt (und damit auch, ob diese gut oder schlecht besetzt ist). Zum allgemeinen Kontext gehören in diesem Zusammenhang u.a. auch die Ausprägung und der kulturelle Kontext.

Bislang haben die Vertreter der Positiven Psychologie keine genaue Definition des Begriffes *positiv* gegeben. Für eine – vor allem wissenschaftliche – Weiterentwicklung wäre dies allerdings unumgänglich und so wird über diesen Aspekt fortwährend diskutiert.

Der US-amerikanische Vertreter James Pawelski nennt in diesem Zusammenhang z.B. einige verschiedene Bedeutungen des Begriffs *positiv*:

1. Die positive Ausrichtung (als eine Ergänzung und Vervollständigung zu den übrigen Bereichen der Psychologie).

2. Die positiven Teilbereiche (zu denen etwa Optimismus, Wohlbefinden, Stärken, Zufriedenheit und gehören).

3. Eine positive Zielpopulation (die vorwiegend eine nicht-klinische sei).

4. Ein positiver Prozesstyp (der den Aufbau vermeintlich guter Qualitäten innehat).

5. Ein positives Ziel (das Verständnis sowie die Förderung menschlichen Wohlbefindens, menschlicher Zufriedenheit und eines angenehmen Lebens).

Auf der Suche nach einer einheitlichen und eindeutigen Definition der Bezeichnung positiv werden teilweise auch die lexikalische und die normative Bedeutung des Begriffs zugrunde gelegt.

Affirmationen als Teil der Positiven Psychologie

Affirmationen erfreuen sich seit einigen Jahren wieder größerer Beliebtheit, wenn es um eine positive Grundeinstellung und die Veränderung der Gedanken geht. Doch was genau hat es damit auf sich? Im Grunde ist eine Affirmation nichts anderes als ein selbstbejahender Satz, den sich Menschen selbst aufsagen. Sie sollen eine Umprogrammierung der eigenen Gedanken bzw. der Denkmuster bewirken.

Affirmationen werden regelmäßig wiederholt. Dies soll langfristig zu einer Veränderung im Gedankengut führen, indem die Affirmationen ins Unterbewusstsein eindringen und dort anstelle schlechterer oder ungewollter Glaubenssätze verankert werden. Auf die Veränderung im Gedankengut soll nach einer gewissen Dauer im Idealfall auch eine (positive) Wandlung der Gefühle folgen. Und schließlich sollen sich auch Handlungsstrategien und Entscheidungen verändern können, sodass langfristig eine allgemeine Verbesserung des Alltags und mehr Zufrie–denheit erreicht werden können. Affirmationen werden idealerweise vor dem Einschlafen, teilweise auch direkt nach dem Aufstehen aufgesagt.

Affirmationen werden sehr häufig auch im Bereich des sogenannten positiven Denkens (das nicht mit der Positiven Psychologie gleichzusetzen ist) angewandt. Bei dieser Methode geht es vorwiegend um das Erlernen neuer Gedankengänge. Die Positive Psychologie hingegen befasst sich mit weit mehr als nur Affirmationen und zielt vor allem auf das Verstehen und Bewusstwerden der eigenen Gedanken, Stärken und Gefühle ab. Dieser Teilbereich der Psychologie arbeitet daran, positiv auf den Menschen einzuwirken, dies aber eben nicht nur durch neue selbstbejahende Sätze. Vielmehr geht es auch bei der Positiven Psychologie um wissenschaftliche Forschung, Therapie und schließlich auch Selbsttherapie.

Kritik an der Positiven Psychologie

Die Strömung der Positiven Psychologie wird von vielen Seiten kritisiert. Hauptkritikpunkt (neben dem Mangel an einer Definition des Wortes positiv) ist, dass Anhänger der Positiven Psychologie versuchen würden, Menschen umzuprogrammieren und diese nach Maßgaben ökonomischer Verwertbarkeit zu formen. Das in den Mittelpunkt gestellte positive Bild des Menschen sei ein Deckmantel, der der Umformung nutzen solle. Stark in Kritik geraten auch zahlreiche Charakter- und Persönlichkeitstest, die nicht immer die Gütekriterien der wissenschaftlichen Psychologie erfüllen können.

Unter anderem auch aus diesen Gründen ist die Positive Psychologie kein Lehrinhalt an deutschsprachigen Universitäten und keine anerkannte wissenschaftliche Teildisziplin. Viele Privatpersonen nutzen Affirmationen und Motivationsmethoden, die auf den Ideen der Positiven Psychologie basieren, dennoch häufig.

Zusammenfassung zur Positiven Psychologie

Positive Psychologie soll die Menschen positiv beeinflussen können. Das kann sowohl durch äußere Faktoren wie auch durch Eigentherapie geschehen. Der Aspekt der Selbsthilfe ist bei der Positiven Psychologie besonders groß. Die Beeinflussung in diesem Rahmen geschieht in vielen Fällen, anders als z.B. bei Heuristiken und beim Nudging bewusst (bzw. ihre Methoden werden bewusst angewendet).

PSYCHOLOGIE UND DAS ALLTÄGLICHE LEBEN

Zusammenfassend lässt sich dieser Stelle also festhalten: Psychologie im weitesten Sinne findet sich allen Lebensbereichen wieder. Ungewollte Denkfehler, Heuristiken und Verzerrungen treten im Alltag zahlreich auf. Gleichzeitig können psychologische Methoden wie Affirmationen den Alltag des Menschen positiv beeinflussen.

Die Bereiche, in denen Psychologie und insbesondere psychologische Effekte und Prozesse für den einzelnen Menschen besonders relevant werden, sind umgekehrt auch für die Psychologie als Wissenschaft besonders interessant. Im Folgenden sollen diese Lebensbereiche näher beleuchtet werden: Wo spielt Psychologie für Sie eine große Rolle? In welchen Bereichen beeinflussen Sie psychologische Effekte unbewusst und ungewollt? Wie erklärt die psychologische Wissenschaft diese Bereiche? Wo wird Psychologie ganz gezielt eingesetzt, um Menschen zu manipulieren?

Psychologie und Liebe

Viele Menschen haben keine Vorstellung davon, wie häufig Denkfehler und psychologische Phänomene selbst in diesem privaten und individuellen Bereich mitwirken. Wer an Liebe denkt, stellt sich in aller Regel romantische Gefühle vor – Emotionen und keine Denkprozesse.

Doch auch die Liebe wird von der psychologischen Wissenschaft eingehend untersucht. Bestimmte innere Prozesse sind für die Psychologie in Bezug auf die Liebe besonders interessant. Dabei versucht die Psychologie, die Liebe als solche auch aus psychologischer Sicht zu erklären.

Liebe aus psychologischer Sicht – ein Definitionsversuch

Das Zusammenspiel von Liebe und Psychologie bzw. die Untersuchung dieses Zusammenspiels ist jedoch recht neu. Psychologische Forschung wurde in diesem Bereich erst innerhalb der letzten drei Jahrzehnten unternommen. Zuvor schien die Liebe noch kein relevantes Thema für die psychologische Wissenschaft zu sein. Schwierigkeiten wirft bei der modernen Forschung häufig schon die Frage nach einer allgemeingültigen Definition von Liebe auf. Das liegt einerseits daran, dass die Liebe viele Erscheinungsbilder hat (es gibt nicht nur die eine Art von Liebe) und andererseits daran, dass sie auch stark vom jeweiligen kulturellen Kontext und damit zusammenhängenden Faktoren beeinflusst wird.

Die meistens Menschen würden spontan sagen, dass Liebe eine der größten Emotionen ist. Viele Menschen würden die Liebe wahrscheinlich sogar als eine der ersten Emotionen nennen, wenn sie danach gefragt werden würden. In der Wissenschaft ist es allerdings umstritten, ob Liebe überhaupt eine Grundemotion darstellt. Vielmehr wird versucht, Liebe als Phänomen oder mehrstufige Emotion zu erklären. So spielen in den meisten Erklärungsversuchen sexuelle Triebe bzw. Gefühlswallungen eine Rolle. Gleichzeitig wird der emotionale Bindungsaspekt als wichtiger Teil gewertet.

Liebe als partnerschaftliche Romantik

In den letzten Jahren hat sich vor allem die moderne Liebesforschung zu zwischenmenschlichen Beziehungen mit dem Fokus auf romantische Partnerschaften und romantische Liebe herauskristallisiert. Geforscht wird hier sowohl theoretisch als auch empirisch, um diese Art von Liebe in ihrer ganzen Facettenbreite zu untersuchen. Dabei haben sich drei Schwerpunkte herausbilden können:

1. Liebe als biologisches Geschehen
2. Liebe als Emotion
3. Liebe als Kognition

Ein früher Ansatz zum ersten Schwerpunkt (Liebe als biologisches Geschehen) ist bereits bei Sigmund Freud zu finden. Im Rahmen seiner Tiefenpsychologie untersuchte er vor allem Triebgeschehen. Er analysierte und erklärte so auch liebesähnliche Geschehnisse, sexuelles Geschehen und triebhafte Gefühle. Neuere Forschungen gehen in diesem Zusammenhang auch auf Liebe als evolutionstechnischen Aspekt ein. Der diesbezügliche Ansatz besagt, dass die Liebe vor allem dazu da sei, um die Reproduktionsrate einer Art zu erhöhen. Das, was der Mensch als romantische

Gefühle empfindet, sei hauptsächlich – wenn nicht gar ausschließlich – ein evolutionsbedingter Wunsch zur Reproduktion und aus evolutionärer Sicht vorteilhaft.

Ein anderer Ansatz, um die romantische Liebe zu analysieren, betrachtet diese als Zusammensetzung von drei grundlegenden biologischen Verhaltenssystemen. Diese lauten wie folgt:

1. Bindung
2. Fürsorge
3. Sexualität

Unter Bindung und Fürsorge wird nahezu identisch das kindliche Bindungsverhalten verstanden. Ein solches Bindungsverhalten besteht z.B. bei Kindern in Bezug auf ihre Eltern oder andere Vertrauenspersonen. Dieser Ansatz bewertet romantische Liebe also als eine Kombination aus diesem Bindungsverhalten und Sexualität bzw. sexuellen Trieben.

Andere Betrachtungsweisen wiederum gehen sogar davon aus, dass in der Liebe eine physiologische Erregung im Zentrum steht und in bestimmten Situationen von den betroffenen Personen schlichtweg als Liebe interpretiert würde.

Neurobiologische und neuropsychologische Hintergründe

Ganz einig ist sich die Wissenschaft in Bezug auf die Liebe noch nicht. Einige wenige biologische, neurobiologische und neuropsychologische Prozesse scheinen aber unumstritten zu sein.

So erkennt die Wissenschaft an, dass bei einem akuten Verliebtsein eine Reihe chemischer Botenstoffe involviert sind. Sie sorgen u.a. für einen erhöhten Adrenalinausstoß und beeinflussen so direkt den Puls. Dadurch erklärt sich auch, dass schon in früheren Zeiten das Gefühl der

Liebe mit den Empfindungen im Herzen gleichgesetzt wurde. Die Botenstoffe, die diese Effekte haben, finden sich auch ohne Verliebtsein im Blut wieder, sind jedoch in einer wesentlich geringeren Konzentration vorhanden. So erklären sich zumindest einige wenige körperliche Reaktionen einer Verliebtheit. Doch wo liegen die biologischen Ursprünge?

Anerkannte Wissenschaftler sehen einen großen Einflussfaktor im Gehirn, genauer gesagt in dessen Belohnungssystem. Über dieses wird der Dopamin-Spiegel angekurbelt – und Dopamin ist, wie Sie vielleicht schon gehört haben, als Glückshormon bekannt. Es sorgt für Glücksgefühle, Motivation und Antrieb. Als Vergleich: Auch viele Drogen erhöhen den Dopamin-Spiegel für kurze Zeit, was die berauschende Wirkung und auch ihr Suchtpotenzial erklärt. Das Gefühl der Liebe wird ebenfalls stark mit der Dopamin-Ausschüttung in Verbindung gebracht. Dies ist der Grund dafür, warum sich viele Verliebte häufig in einem rauschähnlichen Zustand befinden. Und auch der Serotonin-Spiegel scheint beim Verliebtsein erhöht.

Im Allgemeinen sorgt dieses Hormon für Zufriedenheit und Antrieb. Ein Serotonin-Mangel hingegen wird daher verständlicherweise auch mit Depressionen in Verbindung gebracht. Der Abfall des Serotonin-Spiegels bei Liebeskummer könnte dementsprechend auch den Schmerz, den die Betroffenen dabei empfinden sowie die Antriebslosigkeit biologisch erklären. Schließlich hat die Forschung auch die Ausschüttung von Oxytocin erkannt.

Dieses Hormon scheint für eine Zunahme des Bindungsgefühls an den Partner zu sorgen und wird durch Berührungen im Intimbereich ausgeschüttet. Das geschieht z.B. beim Sexualverkehr. Bei Frauen kann eine Ausschüttung dieses Hormons auch bei der Geburt oder beim Stillen festgestellt werden und sorgt so für eine stärkere Bindung an das Kind. Dieses Hormon könnte als ein entscheidender Faktor im Bereich der Partnerbindung und für monogame, langjährige Beziehungen sein. Bedeutet Liebe also vorwiegend ein überhöhtes Maß an Hormonen, die neurologische Prozesse bewirken?

Leider hört die Einigkeit der Wissenschaftler an diesem Punkt bereits auf. Zahlreiche Versuche, die die Entstehung und die Wirkung der Liebe wissenschaftlich näher erklären sollten, brachten verschiedene Ansätze hervor. Teilweise wurden evolutionäre Aspekte hervorgehoben, die für die physiologischen Folgen verantwortlich seien. Andere Wissenschaftler sprechen individuellen Faktoren wie z.B. persönlichen Erlebnissen eine größere Bedeutung zu. Viele Forscher gehen von einer Mischung beider Ansätze aus.

Vielfältige Erklärungsversuche zur Liebe

Die Wissenschaft untersucht die Liebe nicht nur unter biologischen oder psychologischen Aspekten. Es gibt mittlerweile viele Ansätze, um das komplexe Phänomen der (vorwiegend partnerschaftlichen) Liebe zu analysieren. Zahlreiche Ansätze betreffen auch die Liebe als Kognition, wobei dieser Bereich der Psychologie angehört. Die kognitiven Betrachtungsweisen erkennen mittlerweile sechs verschiedene Arten der Liebe an:

1. Romantische Liebe
2. Spielerische Liebe
3. Freundschaftliche Liebe
4. Pragmatische Liebe
5. Besitzergreifende Liebe
6. Altruistische Liebe

Diese Formen der Liebe scheinen sich teilweise stark voneinander abzugrenzen. Auch hier sucht die Wissenschaft allerdings noch nach eindeutigen und allgemein gültigen Definitionen.

Zusammenfassend lässt sich also festhalten, dass romantische bzw. partnerschaftliche Liebe von der Wissenschaft als ein komplexes und facettenreiches Phänomen betrachtet wird. Sie stellt eine besondere Form der zwischenmenschlichen Zuneigung dar und ist geprägt von biologischen, emotionalen und kognitiven Faktoren. Die Psychologie ist mit ihrer Forschung in diesem Bereich lange noch nicht am Ende. In den nächsten Jahrzehnten könnten sich daher weitere nennenswerte Theorien und Erkenntnisse herausbilden, die versuchen werden, romantische Liebe zu erklären.

Liebe in der Familie und andere Arten der Liebe

Neben der romantischen bzw. partnerschaftlichen Liebe gibt es natürlich noch andere Arten, etwa die Liebe innerhalb der Familie (zwischen Eltern und Kindern, zwischen Geschwistern oder anderen Familienmitgliedern), die Liebe zu engen Freunden oder die Nächstenliebe. Sogar die Gefühle für ein Haustier, das für viele Menschen ein Teil der Familie ist, stellte eine Form der Liebe dar. Diese Liebesarten sind in der Wissenschaft, vor allem in der Psychologie, jedoch noch weitgehend unerforscht. Möglich ist, dass sich dies in den zukünftigen Jahrzehnten ändern wird.

Wie beeinflussen psychologische Erkenntnisse heutzutage die Liebe?

Wie die Psychologie die Liebe zu erklären versucht, wissen Sie nun – doch wie beeinflusst dieses Wissen die Liebe in der heutigen Welt? Die in den Medien präsente Psychologie scheint zumindest großen Einfluss auf die Liebe nehmen zu wollen – wie oft haben Sie nicht schon Schlagzeilen gelesen wie: „Männerpsyche verstehen"/ „Frauenpsyche verstehen", „Fünf Psychotricks, um deinen Schwarm zu begeistern." oder auch „Die Psychoeffekte sorgen für langjährige glückliche Beziehungen."? Doch wie viel ist an solchen Schlagzeilen dran? Kann die Psychologie die Liebe wirklich derart beeinflussen?

Ganz verallgemeinern lässt sich diese Aussage sicherlich nicht. Fakt ist allerdings, dass die Psychologie als Wissenschaft die Psyche der Menschen auch in Bezug auf Bindungen und soziales Miteinander heutzutage recht umfassend erforscht hat. Zwar kann sie die Liebe als solche noch nicht vollkommen erklären, dennoch gibt es sicherlich eine Reihe von sogenannten Psychoeffekten, die eine Beziehung zumindest kurzfristig beeinflussen können. Das reicht von kleinen Tricks beim Flirten bis zu größeren Kommunikationsstrategien in Langzeitbeziehungen. Solange die Psychologie die Liebe als solche nicht erklären kann, wird sie jedoch auch keine Wundereffekte hervorbringen können, die gegenseitiges Verliebtsein oder eine glückliche Beziehung garantieren können.

Ein paar kleinere Lektionen für Ihr Liebesleben können Sie dennoch aus dem psychologischen Fachbereich mitnehmen. So gibt es z.B. Studien, die zeigen, dass sich Menschen in vermeintlich bedrohlichen Situationen schneller zueinander hingezogen fühlen. Denn auch in einer Stresssituation stößt der Körper Adrenalin und andere Hormone aus. Die daraus resultierenden körperlichen Reaktionen ähneln denen des Verliebtseins.

So kann es sein, dass einige Menschen tatsächlich einen akuten Adrenalinanstieg mit den sogenannten Schmetterlingen im Bauch verwechseln. Es kann außerdem möglich sein, dass dieser Adrenalinanstieg die Entwicklung des Verliebtseins unterstützt.

In jedem Fall ist die Empfehlung, bei einem ersten Date die Nerven der oder des Angebeteten herauszufordern, gar nicht so verkehrt.

Ein anderer, tatsächlich anerkannter Effekt ist der sogenannte Romeo-und-Julia-Effekt. Dieser spricht davon, dass sich Liebesgefühle durch ein Verbot der Beziehung noch intensivieren, so wie es in der tragischen Geschichte von Romeo und Julia womöglich auch der Fall war. Die Psychologie erklärt dieses Phänomen überwiegend damit, dass eine vermeintlich bedrohte Freiheit (etwa die Entscheidungsfreiheit über das eigene Liebesleben) durch diese Reaktion wiederhergestellt werden soll.

Fazit: Die Liebe – immer noch eine Herausforderung

Die Liebe stellt die Psychologie und die Wissenschaft allgemein immer noch vor eine Herausforderung. Sie kann noch nicht eindeutig und allumfassend erklärt werden. Erste anerkannte Ansätze kommen vor allem aus dem Bereich der Neurowissenschaften und der neurobiologischen Psychologie.

Psychologische Mechanismen haben eindeutig Auswirkungen auf das Liebesverhalten der Menschen. Und tatsächlich gibt es den einen oder anderen psychologischen Trick, der die Liebe unterstützen kann. Ganz darauf verlassen sollte man sich natürlich nicht. Für viele Menschen gehört die Liebe ohnehin zu den Bereichen des Lebens, die sie nicht entschlüsseln, sondern einfach nur genießen wollen.

Psychologie und Erziehung

Psychologie spielt auch im Bereich der Erziehung eine große Rolle. Aus diesem Grund wird auch dieser Lebensbereich von der Psychologie eingehend untersucht. Gleichzeitig können mittlerweile psychologische Erkenntnisse eine große Rolle bei der Kinder- und Jugenderziehung spielen. Insbesondere die Erziehungspsychologie spielt dabei eine tragende Rolle.

Die Erziehungspsychologie beschäftigt sich speziell mit den psychischen Prozessen, die für die Erziehung von Bedeutung sind. Zu diesen zählen alle Prozesse, die für Erziehungserfolge bedeutend sind, all jene, die Erziehung beeinflussen und auch die Wechselwirkung dieser Prozesse mit anderen Vorgängen und Abläufen in diesem Bereich.

Im Fokus der Erziehungspsychologie stehen alle zwischenmenschlichen Interaktionen eines Erziehenden und eines zu-Erziehenden. Erziehung bedeutet im Endeffekt immer eine (meistens absichtlich hervorgerufene) Verhaltensänderung bzw. eine Verhaltenserlernung.

Eine absichtlich stattfindende Erziehung wird in Fachkreisen auch *intentionale Erziehung* genannt (von Intention = Absicht). Eine unabsichtlich herbeigeführte Verhaltensmodifikation wird hingegen *funktionale Erziehung* genannt. Absichtlich hervorgerufene bzw. intentionale Erziehung erfolgt meistens durch Lehren, Ausbilden und Trainieren.

Unabsichtliche bzw. funktionale Erziehung geschieht regelmäßig durch Beobachtungslernen. Das bedeutet, dass die zu erziehende Person beobachtet und zieht selbstständig ihre Schlüsse daraus. Besonders Vorbilder spielen hierbei eine wichtige Rolle. Anders als die wissenschaftliche Pädagogik umfasst die Erziehungspsychologie beide Arten von Erziehung gleichermaßen.

Seit Jahren beschäftigt sich die Erziehungspsychologie mit den Auswirkungen des Verhaltens der Erziehenden auf die zu erziehenden Personen. Das trifft insbesondere auf Eltern-Kind-Beziehungen zu. Gerade kleine Kinder lernen viel, indem sie ihre Eltern oder andere Bezugspersonen beobachten.

Die psychologische Wissenschaft versucht, umfassende Erkenntnisse zu gewinnen, um die Erziehung zu optimieren und schädliche Folgen vermeiden zu können. Nachgewiesen werden konnte in diesen Studien mittlerweile auch, dass sich selbst das Verhalten von Jugendlichen noch stark verändert, wenn das Verhalten der erziehenden Vorbilder variiert. Dies geschieht sogar bei Beobachtungen über kürzere Zeiträume, wie etwa in Arbeits- oder Freizeitgruppen. Langjährige Erziehungsarbeit ist für diese Art von akuter Beeinflussung also nicht notwendig.

Natürlich kann und soll von Eltern nicht verlangt werden, sich vor der Geburt ein umfangreiches Psychologiewissen anzueignen. Ein wenig Hintergrundwissen kann bei der Erziehung allerdings hilfreich sein. Das gilt jedoch nicht nur für die Erziehung der eigenen Kinder. Auch die (kurzzeitige) Erziehung und Beeinflussung anderer Kinder und Jugendlicher (wie z.B. in Freizeitgruppen) kann durch ein wenig psychologisches Fachwissen sinnvoll begleitet werden. Wer in Lehr- und Ausbildungsberufen tätig wird, profitiert davon ebenfalls. Zahlreiche Fachbücher und Kurse behandeln heutzutage diese Themen. Wer sich mit den erziehungspsychologischen Sichtweisen vertraut machen möchte, kann dies heutzutage also relativ leicht umsetzen.

Erziehungspsychologische Perspektiven können auch dann Anwendung finden, wenn Kinder Verhaltensprobleme oder anderweitige Schwierigkeiten aufweisen. Oftmals können mithilfe der Psychologie Probleme erklärt und Verhaltensveränderungen gezielter erarbeitet werden.

Die Erziehungspsychologie beschäftigt sich im Einzelnen mit vielen Aspekten, beispielsweise mit der Wirkung von Motivation und motivierenden Faktoren. Dazu gehören etwa auch Noten im Schulsystem. Auch Lernstrategien und das Erforschen im Bereich der Entwicklungs-psychologie sind Teile der Erziehungspsychologie. Und schließlich werden auch neuronale Prozesse betrachtet.

Die Erziehungspsychologie beschäftigt sich also auch damit, in welchem Alter der Mensch am besten zu erziehen ist, wann er am besten und erfolgreichsten lernt und welche Faktoren motivierend oder demotivierend auf das Lernen einwirken. Viele der Erkenntnisse finden heutzutage bereits Anwendung. Die Erziehungspsychologie beeinflusst das Kindergarten- und Schulsystem, die pädagogische Ausbildung und in vielen Fällen auch private Verhältnisse. Kinder-, Jugend- und Familientherapeuten etwa werden oft zu Hilfe gezogen, wenn es Schwierigkeiten und für die Familie unlösbare Unstimmigkeiten gibt.

So spielt die Psychologie als Wissenschaft bereits eine tragende Rolle in einem der privatesten Bereiche des Lebens. Gerade heute finden sich Bücher zahlreicher Autoren in den Geschäftsregalen, die mit neuen Strategien und psychologischen Erkenntnissen werben. Da Menschen sehr individuell auf bestimmte Strategien reagieren können, kann nicht jede neue Erkenntnis hundertprozentigen Erfolg garantieren. Aber psychologisch-wissenschaftliche Erfahrungen haben sich bereits in vielen Fällen als hilfreich bewährt.

Psychologie in der Arbeitswelt

Auch die Arbeitswelt bleibt von der Beeinflussung durch die Psychologie nicht verschont. Erste arbeitspsychologische Fragestellungen wurden im Zeitalter der industriellen Revolution aufgeworfen. Zu diesem Zeitpunkt war der Begriff Arbeitspsychologie allerdings noch fremd.

In den anschließenden Jahrzehnten wurden diese Ansätze weiter entwickelt und fortgeführt. Seit einigen Jahren beschäftigt sich der nunmehr eigenständige Teilbereich Arbeitspsychologie, der einen Teil der Wirtschaftspsychologie darstellt, mit der psychologischen Analyse von menschlicher Arbeitstätigkeit. Neben der Analyse gehören auch die Bewertung und die Gestaltung bzw. Verbesserung der Arbeitswelt zum Wirkungsfeld der Arbeitspsychologie.

Die speziellere Ingenieurspsychologie befasst sich dazu noch mit den besonderen Beziehungen zwischen Mensch und Technik.

Die Arbeitspsychologie basiert auf bestimmten Grundhaltungen, die ein Zusammenwirken von Arbeit und Psychologie notwendig machen. Dazu gehören die folgenden Grundgedanken:

1. Arbeit als Aufgabe eines Menschen in einem bestimmten System erhält einen subjektiven Mensch. Der ausführende bzw. arbeitende Mensch gibt ihr diesen subjektiven Wert.

2. Die Arbeitstätigkeit eines Menschen hat sowohl kurzzeitige als auch langzeitige Auswirkungen auf ihn. Er wird durch sie geprägt und entwickelt sich im Rahmen dieser Prägung stetig weiter. Diese Weiterentwicklung betrifft einen so großen Rahmen, dass viele Arbeitspsychologen sogar davon ausgehen, dass der Mensch langfristig zu einem Produkt seiner Arbeit wird.

3. Menschen sind aktiv, wenn sie arbeiten. Sie handeln zielgerichtet (eine wesentliche Unterscheidung zwischen Arbeit und Spiel).

Diese drei Grundlagenbetrachtungen sagen aus, dass die Psychologie davon ausgeht, dass der Mensch nicht nur körperliche, sondern auch psychologische Regulation seiner Arbeitstätigkeit braucht. Die Hauptaufgabe der Arbeitspsychologie, die sich daraus ergibt, lautet also: Erschaffung und Optimierung von Handlungsmöglichkeiten und Handlungskompetenzen des Individuums im Rahmen der Arbeitswelt.

Um dieses Hauptziel zu erreichen, verfolgt die Arbeitspsychologie viele kleinere Anwendungsgebiete. So beschäftigt sie sich zum einen mit der Analyse und der Bewertung von Arbeitssystemen und verschiedenen Arbeitstätigkeiten. Sie betrachtet die Anforderungen der Systeme und Tätigkeitsfelder und überprüft, ob ihre Anforderungen den menschlichen Bedürfnissen und Leistungsmöglichkeiten gerecht werden (können).

Anschließend an die durch die Analyse gewonnenen Erkenntnisse finden Erklärungen und ggf. Verbesserungsversuche statt. So gehört zum anderen also auch das Erarbeiten und Umsetzen von Verbesserungs- bzw. Gestaltungsvorschlägen zur Arbeitspsychologie.

Um den Bedürfnissen der Menschen gerecht zu werden, soll eine Arbeitstätigkeit oder ein Arbeitssystem den Menschen einerseits nicht schaden und andererseits auch Potenziale und Kompetenzen fördern. Die Schwierigkeit liegt häufig darin, individuelle Kompetenzen oder gar Persönlichkeiten zu fördern. Auch die neuere betriebliche Gesundheitsförderung gehört zu den Entwicklungen, die auf arbeitspsychologischen Erkenntnissen beruhen.

Seit der Zunahme psychisch bedingter Erkrankungen in den letzten Jahrzehnten beschäftigt sich die Arbeitspsychologie auch mit Fragen zur psychischen Belastung durch eine Arbeitstätigkeit oder ein Arbeitssystem.

Die bereits erwähnte Ingenieurpsychologie versucht ein funktionierendes System aus Zusammenarbeit zwischen Mensch und Maschine zu erstellen, indem sie die Erkenntnisse über menschliches Verhalten und Erleben aufgreift und in Technik zu integrieren versucht. Technische Systeme sollen z.B. typische menschliche Fähigkeiten und Verhaltensweisen bezüglich der Aufnahme und Verarbeitung von Informationen erhalten.

Gleichzeitig sollen weniger effiziente menschliche Verhaltensweisen bei Maschinen optimiert werden. Die Arbeitswelt wird im heutigen Zeitalter immer mechanischer und digitaler. Zahlreiche Maschinen lösen bereits jetzt die Arbeit der Menschen ab, jedoch wird immer noch an ihrer Optimierung gefeilt. Die Arbeitspsychologie beschäftigt sich entsprechend gerade mit diesem Zusammenspiel zwischen Maschine und Mensch bzw. einem Arbeitssystem, das aus beidem besteht.

Auch die Arbeitswelt wird auf diese Weise stark durch psychologische Erkenntnisse beeinflusst und verändert. Alle psychologischen Effekte, die beim Menschen erkennbar sind, können so die Arbeitswelt insgesamt langfristig umgestalten. Ob die Arbeitspsychologie langfristig dafür sorgen wird, Systeme zu schaffen, die psychische Störungen und Erkrankungen reduzieren können, bleibt abzuwarten. Bislang ist noch ungeklärt, inwieweit die Zunahme der psychischen Erkrankungen allein auf die Arbeitswelt zurückzuführen ist.

Psychologie und die Werbung

Kaum in einem anderen Bereich wird die Psychologie so gezielt eingesetzt wie in der Werbung, denn diese hat schließlich ein Hauptziel: die potenziellen Kunden zu einem Kauf, einem Abo, einer Nutzung oder einer ähnlichen Handlung zu bewegen. Psychologische Tricks können in diesem Zusammenhang sehr hilfreich sein – und werden entsprechend besonders häufig genutzt.

Gerade aus diesem Grund ist der Bereich der Werbepsychologie seit einigen Jahrzehnten auf dem aufsteigenden Ast. Dieses Teilgebiet gehört zur Angewandten Psychologie, insbesondere der Wirtschaftspsychologie und beschäftigt sich mit der Analyse der Werbewirkung auf den Menschen.

Untersucht wird insbesondere das Verhalten der (potenziellen) Käufer nach einer Werbeerfahrung. Die Beeinflussung der Kaufmotivation und Kaufentscheidungsprozesse sowie die daraus resultierende Steigerung der Effizienz von Werbung stehen dabei im Mittelpunkt.

Werbung greift dabei auch auf allerlei bekannte psychologische Phänomene und Effekte zurück. Sie untersucht innovative Werbemethoden und greift neu erlangtes Wissen der übrigen psychologischen Disziplinen auf. Schließlich versucht Werbung stets unsere Kaufmotivation zu steigern.

In vorangegangenen Kapiteln wurde bereits erklärt, wie beispielsweise kognitive Verzerrungen das menschliche Denken ungewollt beeinflussen können. Diese Verzerrungen können auch im Bereich der Werbung relevant werden. Einige dieser psychologischen Effekte werden später in diesem Buch noch detaillierter vorgestellt und sollen Sie diese besser verstehen lassen.

Auch im Kapitel Nudging wurde erklärt, wie gezieltes Anstupsen bzw. Manipulieren Menschen zu bestimmten Kaufentscheidungen bewegen kann und soll. Auch im Bereich der Werbung wird Nudging eingesetzt. So fällt beispielsweise auch das Verändern einer Verpackung in den Bereich der Werbung. Auch Fernseh- und Onlinewerbungen arbeiten vielfach mit Nudges.

Den Einflüssen der Werbepsychologie zu entgehen gelingt nicht immer. Schließlich ist der Mensch heutzutage dauerhaft von Werbung umgeben. Werbung wird außerdem ständig verändert. Selbst für gleichbleibende Produkte werden regelmäßig neue Werbeideen umgesetzt. Dabei werden häufig auch neue Strategien ausprobiert und neu erlangtes (psychologisches) Wissen angewendet. Allerdings macht sich auch diese regelmäßige Veränderung der Werbung direkt einen psychologischen Effekt zunutze: Und zwar die Tatsache, dass das menschliche Gehirn Abwechslung interessant findet. Bei dem, was gleich bleibt, verliert der Mensch schnell das Interesse. Bei bereits bekannter Werbung wird nur selten aufgehorcht und hingesehen. Neue Werbung zieht hingegen eher die Aufmerksamkeit auf sich. Auch die ständige Erneuerung der Werbung basiert also bereits auf psychologischem Fachwissen.

Werbung verfolgt auch den Zweck, bestimmte Reize und Emotionen hervorzurufen. Ziel ist es nicht, die Details der Werbung ins Gedächtnis der (potenziellen) Kunden zu bringen, sondern vielmehr die Erinnerung an bestimmte Emotionen und Reize zu verfestigen. Sieht der (potenzielle) Kunde im Geschäft ein Produkt, soll er die gleichen Reize und Emotionen empfinden, die beim Ansehen oder Hören der Werbung ausgelöst wurden.

Das soll ihn letztendlich zu einer Kaufentscheidung motivieren. Diese Anwendung psychologischen Fachwissens ist reine Konditionierung. Und da diese vollkommen unbewusst geschieht, sind die Effekte selten wahrnehmbar. Selbst Werbung, bei der nur halbherzig zugehört wurde oder von der der (potenzielle) Kunde gar nicht wahrnimmt, dass sie ihn interessieren könnte, können solche Effekte haben.

Der Anwendungsbereich der psychologischen Wissenschaft im Feld der Werbung ist sehr breit gefächert und findet mit den oben genannten Beispielen noch lange kein Ende. Gerade mit zunehmender Erkenntnisgewinnung und dem Erforschen neuer Strategien erweitert sich auch der psychologische Wirkungskreis im Werbebereich. Neu erlangtes Wissen wird häufig recht zeitnah von großen Unternehmen und Werbeagenturen genutzt, um neue Werbemethoden zu entwickeln und auszutesten. Immer wieder werden Emotionen und physiologische Reaktionen in Studien getestet, ausgewertet und – bei aus Sicht des Werbe–treibers erfolgversprechenden Ergebnissen – angewendet. Vor Werbung können wir uns heutzutage nicht verstecken. Wir können ihre Wirkung auch nicht immer ausschalten. Doch wir können uns den psychologischen Effekten bewusst werden und Werbung kritisch hinterfragen. Auf diese Art kann man die Manipulation teilweise reduzieren.

PSYCHOLOGISCHE EFFEKTE, DIE JEDER KENNEN SOLLTE

Psychologische Effekte beeinflussen den Alltag eines jeden Menschen. Daher kann es unglaublich hilfreich sein, ein paar dieser Effekte besser zu verstehen. Wer auf Manipulationen vorbereitet ist, kann sich diesen Effekten zwar nicht immer ganz entziehen, doch in einigen Situation unwissentlich die Beeinflussung zumindest reduzieren. Außerdem kann in es vielen Alltagsgelegenheiten, beispielsweise in Bezug auf Kommunikation und im Berufsleben hilfreich sein, bestimmte Effekte zu erkennen oder sogar anwenden zu können.

Ein paar der wichtigsten und interessantesten werden daher im Folgenden vorgestellt und anhand der Lektüre können Sie sich mit einigen besonders häufig auftretenden Effekten vertraut machen. Und wenn Sie möchten, können Sie den ein oder anderen Effekt vielleicht sogar in ihrem eigenen Umfeld ausprobieren. Sie werden bestimmt überrascht von seiner Wirkung sein!

Der Anker-Effekt – wenn das Gehirn nach Vergleichswerten sucht

Der Anker-Effekt beschreibt die Beeinflussung einer menschlichen Beurteilung durch einen unbewusst genutzten Beurteilungsanker. Als Beurteilungsanker wird eine bereits vorhandene Umgebungsinformation genutzt. Die Umgebungsinformation kann dabei vollkommen zusammenhanglos zu dem zu beurteilenden Wert sein. Vor allem bei der Einschätzung von Zahlen und Größen wird der Ankereffekt sichtbar. Die Folge ist eine systematische Verzerrung, die sich nach dem genutzten Anker richtet.

Anker können auf zwei verschiedene Arten wirken. Einerseits können sie zum Anker passende Assoziationen wecken, andererseits können sie einen Startwert bzw. Ausgangspunkt liefern. Als Anker wird stets eine Information genutzt, die leicht zugänglich bzw. im Augenblick der Urteilsbildung bereits vorhanden ist.

Die Information wird vom Menschen vollkommen unbewusst als Anker genutzt. Es spielt keine Rolle, ob die Information von der Person selbst gebildet wurde, von einer anderen Person vorgegeben wurde oder rein zufällig zeitgleich vorhanden war. Entsprechend spielt es auch keine Rolle, ob die Information für die zu treffende Beurteilung tatsächlich relevant war oder vollkommen zusammenhanglos erschienen ist.

Bekannte Beispiele sind die folgenden Versuche: Erstmalig bewiesen wurde der Ankereffekt von den Psychologen Daniel Kahneman und Amos Tversky. In zahlreichen Studien und Experimenten zeigten sie, dass ein willkürlich gesetzter Anker eine Person in ihrem Entscheidungsprozess deutlich beeinflussen kann. Der Ankereffekt erscheint in ihren Studien als ein sehr widerstandsfähiges Phänomen. Die Situationen, in denen die beiden Psychologen untersucht haben, waren außerdem so unterschiedlich, dass sich mit Sicherheit feststellen ließ, dass der Ankereffekt in allen möglichen Situationen auftreten kann.

Eine der bekanntesten Studien von Kahneman und Tversky wurde mithilfe eines Glücksrades durchgeführt. Die Probanden drehten zuerst an dem Glücksrad, das Zahlen zwischen 0 und 100 zeigte. Das Rad war zuvor allerdings so manipuliert worden, dass es stets entweder auf der 65 oder auf der 10 landete. Diese Zahlen sollten als Anker fungieren.

Anschließend wurden den Probanden zwei Fragen zur Schätzung des Prozentsatzes der afrikanischen UNO-Mitgliedstaaten gestellt:

1. Liegt der geschätzte Prozentsatz über oder unter der gerade am Glücksrad gedrehten Zahl?
2. Eine genaue Schätzung darüber, wie viele UNO-Mitglieder tatsächlich afrikanische Länder sind, abgeben.

Sofort wurde sichtbar, dass der am Glücksrad vergebene Anker das Ergebnis der Schätzungen deutlich beeinflusste. Wer eine hohe Zahl als Anker erhalten hatte, schätzte den Prozentsatz ebenfalls höher ein. Der Mittelwert derjenigen Probanden, die als Anker 65 bekommen hatten, lag bei ganzen 45 %. Hingegen befand sich der Mittelwert der Schätzungen all der Probanden, die als Anker nur eine 10 bekamen bei deutlich kleineren 25 %. Dabei hatte die auf dem Glücksrad gedrehte Zahl keinerlei relevanten Wert für die Schätzung. Die Probanden waren sich des Ankereffektes natürlich nicht bewusst.

Daniel Kahneman lieferte in der folgenden Zeit noch zahlreiche weitere Studien, die den Ankereffekt bewiesen. So zeigte sich z.B., dass auch die Ziffern der eigenen Sozialversicherungsnummer oder sogar ein Münzwurf das Ergebnis einer Schätzung oder Entscheidung erheblich beeinflussen konnte. Besonders beeindrucken ist, dass der Ankereffekt auch bei Experten eines bestimmten Fachgebiets einschlägig ist – obwohl diese sich mit den echten Zahlen und relevanten Informationen bestens auskennen müssten. In einem Experiment wurden z.B. eine Gruppe Studierende und eine Gruppe Immobilienexperten darum gebeten, Immobilienpreise zu schätzen.

Alle Teilnehmer erhielten zu Beginn der Studie anhand von Broschüren Informationen zu den zu bewertenden Immobilien. Diese enthielten zahlreiche relevante Informationen wie etwa Größe und Alter der

Immobilie. Sie waren für alle Teilnehmer in fast allen Punkten identisch, mit einer Ausnahme: Der Listenpreis unterschied sich. Die Probanden sollten daraufhin den jeweiligen Sachwert der Immobilie schätzen. Der Listenpreis sollte als Anker wirken. Und tatsächlich zeigte die Studie, dass der Anker auch hier funktionierte – sowohl bei Experten als auch bei Laien.

In anderen Studien zeigte sich, dass sich auch Richter mit langjähriger Berufserfahrung von einem gesetzten Anker beeinflussen ließen. In solchen Studien wurde als Anker z.B. die Einschätzung eines fachfremden Studenten oder die eingeforderte Schadensersatzsumme durch die Anklage genutzt. Sogar ein Würfelwurf konnte in das Ergebnis der Urteilsfindung eingreifen.

Spätere Studien erklärten den Ankereffekt damit, dass der vorangeschaltete Anker solche Informationen, die zum Anker passen, reaktiviert und ins Bewusstsein ruft. So kann eine hohe Ankerzahl, selbst wenn sie ausgewürfelt wurde, bei einem Richter beispielsweise Erinnerungen an strafverschärfende Details eines Falles oder frühere hohe Strafen wecken. Eine niedrige Ankerzahl kann entsprechend vermehrt strafmildernde Details ins Bewusstsein rufen. Genau aus diesem Grund sind auch Experten eines Fachgebiets nicht sicher vor dem Ankereffekt.

Doch wo finden wir den Ankereffekt im Alltag wieder? Es gibt einige Beispiele und Experimente, die zeigen, dass er uns immer wieder begegnet und uns dementsprechend öfter zu manipulieren vermag, als uns lieb ist. Denken Sie nur an die Preise von bestimmten Lebensmitteln, technischen Geräten oder anderen Produkten. Bei vielen haben wir einen bestimmten Ankerpreis im Kopf. Eine Tafel Schokolade kostet in dieser Vorstellung einen Euro, eine Zeitschrift nicht viel mehr als einen Euro und ein Handy ungefähr 300 Euro, Apple-Produkte ausgeschlossen. Stoßen wir beim Einkaufen nun auf eine Tafel Schokolade, die deutlich mehr als einen Euro kostet, kommt uns das automatisch zu teuer vor.

Wir werden Gründe dafür suchen, warum diese Schokolade in unseren Augen so preisintensiv ist (bspw. nachhaltiger Anbau der Kakaobohnen oder exotische Zutatenliste), und wenn wir diese nicht finden, lassen wir die Tafel eher liegen und entscheiden uns für eine andere Marke, deren Preis näher an unserem Ankerpreis von einem Euro liegt. Ein weiteres Beispiel für einen weitverbreiteten Anker ist übrigens die Strategie vieler Händler, den Preis ihrer Produkte auf 99-Cent-Beträge abzurunden. Eine Ware wird dann z. B. nicht für 2 €, sondern für 1,99 € verkauft. Die Zahl vor dem Komma wirkt, wie ein Anker, und so landet das jeweilige Produkt viel eher im Einkaufswagen als ähnliche Produkte, die objektiv betrachtet nur einen Euro mehr kosten.

Der Käufer denkt sich, „Hier bewege ich mich im 1-Euro-Bereich und dort im 2-Euro-Bereich “, und greift zum vermeintlich viel günstigeren Produkt, obwohl er tatsächlich nur einen Cent gespart hat. Hier lohnt es sich also, die Augen offenzuhalten und ggf. aufzurunden, um dem Verkäufer bzw. dem Ankereffekt nicht auf den Leim zu gehen. Viele Geschäfte nutzen den Ankereffekt auch, indem sie neben ihrem Standardsortiment zusätzlich höherpreisige Produkte anbieten.

Diese werden in der Regel zwar nicht oft verkauft, machen die mittelpreisigen Produkte aber attraktiver für den Käufer, der sich sonst nur zwischen diesem und dem günstigen Produkt entschieden und dann vielleicht eher zum preiswertesten Produkt gegriffen hätte. Die teureren Produkte lassen den Mittelweg als bestmöglichen Kompromiss erscheinen. Auch im Bereich der Trinkgeldvergabe wird der Ankereffekt (zumindest außerhalb Deutschlands) immer häufiger genutzt. Die Restaurants und Dienstleistungsanbieter (z. B. Taxifahrer) bieten den Kunden einen Trinkgeldvorschlag, etwa 20, 25 oder 30 %, und diese orientieren sich dann eher an diesem Bereich, anstatt viel weniger oder mehr Trinkgeld zu geben, weil ihnen das unangemessen erscheint.

Wer den Ankereffekt kennt, kann ihn sich in vielen Fällen auch zu Nutzen machen: Bei der Verhandlung des (Einstiegs-)Gehaltes etwa kann es durchaus hilfreich sein, einen passenden Anker zu setzen, um auf etwas mehr Geld zu hoffen. Gleichzeitig sollte sich jeder darüber im Klaren sein, dass er durch einen Ankereffekt selbst beeinflusst werden könnte. Den Ankereffekt auszuschalten ist besonders schwer – schließlich hilft, wie Studien gezeigt haben, auch ein breites Fachwissen und eine Vielzahl an richtigen und relevanten Informationen oftmals nicht. Wer sich jedoch den Ankereffekt bei einer Entscheidung bewusst macht und wachsam ist, kann ihn in vielen Fällen reduzieren.

Das Auswahlparadox – viel Auswahl, wenig Freude

Der amerikanische Psychologieprofessor Barry Schwartz schrieb das erste Mal über das Auswahlparadox (im Englischen: *The paradox of choice*), als er ein Buch mit dem gleichnamigen Titel veröffentliche. In diesem Buch beschreibt er anschaulich und beispielhaft, wie zu viel Auswahl nicht für mehr Zufriedenheit, sondern im Gegenteil für Zweifel und Furcht sorgt.

Er erzählt dies bildhaft anhand einer Anekdote über einen Jeans-Kauf: Als er im Geschäft nach einer Jeans fragte, bot ihm die Verkäuferin eine Reihe von verschiedenen Arten an (*Slim Fit, Easy Fit, Relaxed, Baggy...*). Statt dass es ihn erfreute, fühlte er sich maßlos überfordert. Das Auswahlparadox besagt entsprechend, dass mit mehr Auswahl mehr „hätte-ich-doch"-Optionen kommen. Dadurch steigt sich mit der Zunahme der Entscheidungsmöglichkeiten auch die Unzufriedenheit. Schwartz geht davon aus, dass sich dieses Paradox auch auf Bildung, Beruf und Beziehungsleben anwenden lässt.

So kann man in einigen Fällen beobachten, dass jemand, dem nach dem Schulabschluss alle Türen offen stehen, ein größeres Problem damit hat, sich für einen Weg zu entscheiden, und fortan, wie auch immer die

Entscheidung ausfällt, in ein „Was wäre, wenn…?“-Denken verfällt. Was wäre gewesen, wenn man sich doch für die Ausbildung und nicht für das Lehramtsstudium entschieden hätte? Wäre man glücklicher oder unglücklicher gewesen? Welche Wahl hätte besser zu einem gepasst? Dieses Gedankenkarussell führt oft zu Unzufriedenheit, die vermutlich nicht entstanden wäre, hätte man keine Auswahlmöglichkeiten gehabt. Die Qual der Wahl, besser lässt es sich nicht in Worte fassen. Oder man stelle sich ein anderes Szenario vor, das sich eher auf das Liebes- und Beziehungsleben bezieht: Eine junge Frau ist glücklich verheiratet, lebt mit ihrem Mann und den Kindern im gemeinsamen Haus und führt ein erfülltes Leben. Plötzlich lernt sie jedoch einen weiteren Mann kennen, der ihr ebenfalls ans Herz zu wachsen beginnt. Sie verliebt sich auch in ihn und als sie das bemerkt, weiß sie nicht, was sie tun soll. Sie verzweifelt regelrecht, weil sie das Gefühl hat, sich für und damit auch gegen einen der Männer entscheiden zu müssen. Hätte sie diesen zweiten Mann nie getroffen, wäre alles ganz eindeutig, einfach und unkompliziert gewesen. So steht sie unter Druck, hat Angst, die falsche Entscheidung zu treffen, und wünscht sich, dass sie sich überhaupt nicht entscheiden müsste. An all diesen Beispielen wird deutlich: Viel Auswahl bedeutet nicht immer mehr Freude als bei weniger oder gar keiner Auswahl. Oft schlägt die Stimmung hierbei in Überforderung und in das Gefühl, unter Druck gesetzt zu werden, um.

Der Authority Bias – die Macht der Autoritäten

Der Authority Bias (zu Deutsch: Autoritäts-Vorurteil) beschreibt die Tendenz des Menschen, sich stärker von Meinung von Autoritätspersonen beeinflussen zu lassen. Dazu zählen alle Arten von (vermeintlichen) Autoritätspersonen, wie z.B. die Vorgesetzten oder sogenannte Experten. In vielen Fällen konnten Studien und Experimente zeigen, dass dieser Bias ausgesprochen stark sein kann und Menschen dazu neigen, wider besseren

Wissens oder wider eigener Angst und Sorge der Meinung einer vermeintlichen Autoritätsperson Folge zu leisten.

Ein berühmtes Experiment zu diesem Bias ist das sogenannte Milgram-Experiment aus dem Jahr 1963. Dieses Experiment wollte herausfinden, ob und wie weit sich Versuchspersonen von einer Autorität beeinflussen lassen, selbst dann, wenn das Handeln gegen ihre moralischen Vorstellungen sprach.

Die Versuchspersonen wurden im Rahmen des Experimentes dazu aufgefordert, einer anderen Person mithilfe einer Maschine Stromschläge zu verpassen. Die Stromschläge wurden zunehmend intensiver. Was die Probanden nicht wussten, war, dass es sich bei der anderen Person um einen eingeweihten Schauspieler handelte, der keine echten Stromschläge erhielt, sondern die schmerzhaften Reaktionen nur vortäuschte.

Da die Probanden den vermeintlichen Schmerz wahrnehmen konnten, begannen sie zu zögern. Je stärker die Stromschläge wurden, desto unsicherer wurden die Versuchspersonen, ob sie weiter machen sollten. Immer wenn sie zögerten, wurden sie allerdings von dem Versuchsleiter dazu aufgefordert und ermutigt, weiter zu machen.

Viele machten daraufhin längere Zeit weiter, obwohl es gegen ihre moralische Vorstellung sprach, einem Menschen schmerzvolle oder gar gefährliche Stromschläge zu verpassen. Von insgesamt 40 Teilnehmern gaben ganze 26, also mehr als die Hälfte sogar die maximale Spannung von 450 Volt ab. Eine Spannung, die für jeden Menschen tödlich gewesen wäre. Und dass nur, weil sie der Autoritätsperson (dem Versuchsleiter) vertrauten bzw. sich von seiner Meinung beeinflussen ließen.

Dieser Effekt hat mehrere Gründe. Er wird zum einen damit erklärt, dass wir in modernen Gesellschaften bereits früh darauf trainiert werden, Autoritätspersonen zu folgen (Eltern, Lehrern, Trainern usw.). Andererseits lässt der vermeintliche Expertenstatus auch darauf schließen, dass sich die Autoritätsperson besser in dem jeweiligen Gebiet auskennt. Warum sollte man also nicht auf sie hören?

Problematisch ist dieser Bias allerdings, weil die Menschen den Autoritätspersonen so viel Wissen zusprechen, dass sie deren Meinung kaum hinterfragen. Wie das Milgram-Experiment gezeigt hat, werden so auch Entscheidungen getroffen, die den eigenen moralischen Werten widersprechen und sogar gefährlich werden können. Auch neigen viele dazu, den Autoritätsstatus auf Felder auszuweiten, die nichts mehr mit dem eigentlichen Fachgebiet der Autoritätsfigur zu tun haben. Die Meinung der Vorgesetzten oder eines Experten wird auch dann stärker gewichtet, wenn das Themengebiet nichts mit ihrem Arbeitsfeld zu tun und sie in Wahrheit kein größeres Wissen in diesem Bereich besitzen als man selbst.

Um diesen Denkfehler zu vermeiden, sollte man sich den Authority Bias stets erneut bewusst machen. Denn die Beeinflussung findet unbewusst statt, sodass das Wissen über den Bias dazu führen kann, die eigene Entscheidung und Beurteilung der Autoritätsmeinung zu überdenken. Auch eine Art mentaler Distanz zu der Autoritätsperson und ausreichend Zeit für eine Entscheidung können helfen.

Auch dieser Bias wirkt besonders stark unter Zeitdruck. Wer hingegen Zeit hat bzw. sich Zeit nimmt, kann die Meinung der Autoritätsfigur überdenken und kritisch hinterfragen. Hat diese Person wirklich mehr Fachwissen auf diesem Gebiet? Welche Argumente sprechen gegen ihre Aussage? Stehen Moralvorstellungen im Weg? Was ist das Schlimmste, was passieren kann, wenn sie falsch liegt? Und was ist das Schlimmste, was passieren kann, wenn man der eigenen Meinung folgt?

Diese Fragen sollten sich immer gestellt werden. Sie können in vielen Fällen blindes Folgen einer Autoritätsmeinung verhindern. Im Milgram-Experiment hätten die letzten Fragen wie folgt beantwortet werden können: Wenn die Meinung des Versuchsleiters falsch ist, kann der Mensch schwer geschädigt oder sogar getötet werden. Wenn aufgrund des eigenen Zögerns und der Unsicherheit der Expertenmeinung nicht gefolgt wird, wird das Experiment an der Stelle abgebrochen. Es ist offensichtlich, welches Worst-Case-Szenario tragischer wäre.

Was in solchen Situationen ebenfalls helfen kann, ist, Abstand zur jeweiligen Person und zu ihrer Meinung oder ihrem Auftrag zu gewinnen, sofern das möglich ist. Hat man Zeit, die Dinge zu überdenken, vielleicht eigene Recherchen anzustellen oder sich mit Dritten darüber zu unterhalten, sollte man das unbedingt tun. Ein weiterer Bereich, in dem der Authority Bias besonders häufig vorkommt, ist der medizinische. So ist das Verhältnis zwischen Arzt und Patient von vornherein durch Asymmetrie gekennzeichnet. Geht eine Person mit Beschwerden zum Mediziner, geht er grundsätzlich davon aus, dieser wisse, was er tut. Schließlich hat er ein jahrelanges anspruchsvolles Studium abgelegt und ist sehr viel qualifizierter und informierter als der Patient. Stellt der Arzt dann eine bestimmte Diagnose oder schlägt eine Behandlungsmethode vor, neigt der Patient grundsätzlich dazu, keines von beidem zu hinterfragen - selbst dann, wenn man selbst etwas anderes erwartet hat oder einem die Therapie ungewöhnlich vorkommt.

Aber schließlich ist man auch kein Experte und der Arzt weiß schon, was er tut. In der Regel ist das auch der Fall, aber leider gibt es, wie in jeder Branche, auch hier schwarze Schafe, die ihre vermeintliche Überlegenheit gegenüber ihren Patienten ausnutzen. So werden dem unwissenden Patienten besonders kostspielige Therapieverfahren untergejubelt, die aber keine größere Wirksamkeit als alternative Verfahren versprechen. In Extremfällen kann es sogar zum (sexuellen) Missbrauch vom Arzt am Patienten kommen. So gab es in der Vergangenheit mehrere Missbrauchsfälle vom Arzt am Patienten, in denen sich Patienten Untersuchungen im Intimbereich unterzogen haben, obwohl ihre Beschwerden eigentlich ganz woanders lagen und sie dadurch ein schlechtes

Bauchgefühl hatten. Für sie erschloss sich nicht, warum ausgerechnet der Intimbereich abgetastet oder anderweitig begutachtet werden sollte.

Allerdings trauten sie sich in den meisten Fällen trotzdem nicht, die Untersuchung zu verweigern. Manche, die nachfragten, warum sie auf diese Art und Weise untersucht werden sollten, wurden mit vollkommen sinnfreien Erklärungen des Arztes vertröstet, der dabei aber, im Gegensatz zum Patienten, durchweg ein großes Selbstbewusstsein und Knowhow ausstrahlte. So fügte sich ein Großteil der Betroffenen und wurde zum Opfer des Authority Bias und des sexuellen Missbrauchs durch den Arzt. Und das, ohne es zu wissen, bis diese Fälle publik und die Täter dafür rechtlich belangt wurden.

Warum haben die Opfer die Taten über sich ergehen lassen, obwohl ihnen dabei nicht wohl war? Weil sie der Autoritätsperson des Arztes vertraut haben. Sie gingen davon aus, selbst nicht in der Lage zu sein, richtig einzuschätzen, welche diagnostischen Methoden sinnvoll und angemessen sind, was ja in der Regel auch der Fall ist. Dem Arzt trauten sie dies hingegen zu, da er schließlich über ein viel breiteres Wissen in diesem Bereich verfügen sollte. Solche Situationen zu umgehen, ist unheimlich schwer, aber gerade im medizinischen Kontext lohnt es sich, auf sein Bauchgefühl zu hören und sich lieber eine zweite oder dritte Meinung eines anderen Arztes einzuholen.

Der Butterfly-Effekt – übertrieben oder realistisch?

Sicherlich haben Sie von dem Butterfly-Effekt (im Deutschen auch *Schmetterlingseffekt* genannt) bereits gehört: Das Flügelschlagen eines Schmetterlings könne demnach auf der anderen Seite der Erde einen Wirbelsturm auslösen. Im Grunde soll dieser Effekt die Nichtvorhersehbarkeit der Wirkung kleinster Veränderungen auf die Gesamtheit des Systems beschreiben.

Doch wie viel Wahrheit steckt hinter dieser Theorie? Kann das Flügelschlagen eines Schmetterlings in Amazonas-Regenwald tatsächlich einen Tornado in Texas auslösen? Da sich solch eine Wirkungskette niemals ganz genau nachvollziehen lässt, kann die Frage im Grunde gar nicht eindeutig beantwortet werden. Dementsprechend entspringt dieser Effekt eher der menschlichen Fiktion. Der Kerninhalt, dass eine kleine Ursache eine unvorhergesehene große Wirkung haben kann, ist allerdings gar nicht so falsch.

Er basiert auf seriösen wissenschaftlichen Grundgedanken. Häufig wird er im Zusammenhang mit der sogenannten Chaostheorie bzw. Chaosforschung erwähnt. Dabei handelt es sich um die Erforschung von geordneten und ungeordneten Zuständen bzw. der Übergänge zwischen diesen beiden Zuständen. Chaos bzw. ungeordnete Zustände meinen dabei nicht wirklich komplettes Chaos, wie man es aus dem Alltagssprachgebrauch kennt. Es geht auch nicht um Willkür oder reinen Zufall.

Vielmehr handelt es sich um Prozesse, die durch so viele kleine Faktoren beeinflusst werden (die sich wiederum gegenseitig weiter beeinflussen), dass Vorhersagen kaum oder gar nicht möglich sind. Ein gutes Beispiel dafür ist das Wetter.

Zwar lassen sich grobe Wettervorhersagen mit modernen Methoden treffen, allerdings ist die Entstehung des Wetters so komplex, dass sich nie detaillierte Wetterkarten aufstellen lassen, die z.B. genaue Grenzen zwischen Regen- und Sonnengebieten aufzeichnen können. Auch ändern sich Wettervorhersagen häufig mehrfach in kurzer Zeit oder stimmen nur bedingt mit dem tatsächlichen Wetter überein. Das System ist zu komplex und von zu vielen kleinen Faktoren beeinflusst. Es ist in dem Sinne ungeordnet. Gleichwohl wird der Begriff Chaostheorie in der echten Wissenschaft selten verwendet.

Im Endeffekt bedeutet das für den Schmetterlings-Effekt: Die Grundgedanken liegen auf seriöser wissenschaftlicher Basis. An der Idee des

Schmetterlings, der mit seinen Flügeln am anderen Ende der Welt einen Tornado auslösen soll, ist eher weniger dran.

Der Bystander-Effect – zu viele Zuschauer, zu wenige Helfer

Der Bystander-Effect (zu Deutsch: Zuschauer-Effekt) beschreibt das Phänomen, dass Menschen dazu neigen, bei größerer Zuschauermasse untätig zu bleiben, selbst wenn sie sich in einer Situation befinden, in der sie tätig werden sollten. Dieser Effekt wurde vielfach auf der Straße beobachtet und führte nicht selten zu besonders tragischen Ereignissen.

Immer wieder wird davon berichtet, dass Menschen, die in Not geraten sind, keine Hilfe bekommen. Stattdessen werden sie, umringt von zahlreichen Zuschauern, ausgeraubt, zusammengeschlagen und sogar vergewaltigt. Ohne dass irgendjemand die Polizei rufen oder gar selbst einschreiten würde. Das Erschreckendste daran: Je größer die Zuschauerzahl, desto höher das Risiko, dass niemand einschreitet.

Dieser Effekt wird sowohl in der Psychologie als auch in der Soziologie untersucht und ist auch unter dem ausführlicheren – und sehr treffenden – Namen *non-helping-bystander-effect* (zu Deutsch: *Nicht-helfende-Zuschauer-Effekt*) bekannt.

Das Hauptproblem dieses Effekts scheint darin zu liegen, dass Menschen die Notsituation mit zunehmender Anwesenheit anderer Zuschauer nicht als Notsituation erkennen. Je größer die Anzahl der anwesenden Menschen, desto weniger bedrohlich oder echt wird die Situation wahrgenommen. Und wenn die Situation nicht als Notfall erkannt wird, wird auch niemand helfen. Dieser Gedankengang scheint jedoch nur unbewusst zu passieren. Bewusst erscheint er vielen Menschen vollkommen unlogisch. Man kann sich das folgendermaßen vorstellen: Eine junge Frau wird in der rappelvollen Straßenbahn von einem Mann belästigt. Er kommt ihr ständig zu nahe, berührt sie, spricht sie an und lässt sie einfach nicht in Ruhe. Weder weiß sich die junge Frau zu helfen noch kommt ihr jemand zur Hilfe, obwohl genügend Personen anwesend sind, die genau das tun könnten und sollten.

Sie versucht, den Mann zu ignorieren und nicht auf seine Annäherungsversuche einzugehen, doch dieser lässt nicht von ihr ab. Warum hilft ihr keiner? Weil jeder sich auf die Wahrnehmung der anderen verlässt. Zwar sieht man, dass die junge Frau bedrängt wird, doch da sonst niemand eingreift, zweifelt man sein eigenes Urteil, hier geschehe etwas Falsches, an. Man denkt: Wenn die anderen nichts machen, dann interpretiere ich das vielleicht falsch oder reagiere über. Sonst würde ihr doch jemand helfen, oder nicht? Sicher ist es gar nicht so schlimm. Das Problem: Dieser Gedanke schwebt in fast allen Köpfen der Anwesenden herum und so schätzen sie alle die Situation richtigerweise als unangemessen und gefährlich für die junge Frau ein, handeln aber nicht, weil sie an ihrem eigenen Urteilsvermögen zweifeln. Dieser Effekt bestätigt sich oftmals dann, wenn sich doch jemand dazu überwinden kann, einzuschreiten, und dann gleich mehrere Personen folgen und der Frau helfen. Schließlich hat man ja nun die Bestätigung, dass auch andere denken, hier passiere etwas, das so nicht in Ordnung ist. Leider kommt es dazu noch viel zu selten. Man sollte sich in diesem Fall also lieber auf sein Bauchgefühl verlassen und über seinen Schatten springen, anstatt die Reaktion anderer abzuwarten bzw. zu imitieren. So könnte man die junge Frau einfach fragen, ob alles in Ordnung ist oder ob sie Hilfe braucht. Ansonsten macht man sich in gewisser Weise zum Mitschuldigen.

Eine große Rolle spielt oft aber auch die Angst, die eine bedrohliche Situation mit sich bringt. Einige Menschen erkennen zwar den Notfall, fürchten sich jedoch davor einzugreifen. Gerade wenn die Mehrheit der Masse auch nicht eingreift, steigert das die Angst. Einerseits unterstützt es den Glauben daran, dass die Situation zu bedrohlich ist, um aktiv zu werden, andererseits fürchtet auch der potenzielle Eingreifer, allein zu bleiben und selbst zum Opfer zu werden. Und schließlich scheinen viele

Menschen (bewusst und unbewusst) auch davon auszugehen, dass bei einer Masse von Zuschauern bereits irgendjemand eingegriffen hat oder eingreifen wird.

Sie gehen davon aus, dass eine der anderen anwesenden Personen z.B. schon die Polizei gerufen hat oder hoffen, dass einer der Menschen, der in ihren Augen stärker aussieht, als Erster eingreift. Leider sind dies in vielen Fällen Denkfehler mit dramatischen Folgen – schließlich unterläuft dieser Denkfehler fast allen anwesenden Zuschauern und so wird niemand aktiv.

Wer tatsächlich in eine solche Situation gerät, sollte sich dem Bystander-Effect bewusst sein und versuchen, ihn auszuschalten. Dazu gehört vor allem, Ruhe zu bewahren. Niemand muss sich als dramatischer Held zwischen Opfer und Täter werfen, aber häufig hilft es bereits, die Polizei zu alarmieren oder Verwirrung zu stiften. Außerdem hilft es, andere Menschen gezielt anzusprechen und einzubinden. Trauen Sie sich ruhig, zu sagen, „ Sie da in dem roten T-Shirt, helfen Sie mir! “, oder suchen Sie den Blick einer anderen Person und geben Sie ihr konkrete Aufgaben, wie, „ Rufen Sie die Polizei! “, oder, „ Holen Sie Hilfe! “. Wer sich dann entzieht und weiterhin tatenlos bleibt, ist für die Konsequenzen mitverantwortlich.

Je mehr Menschen sich persönlich involviert fühlen, desto besser. In die Masse zu rufen: „Ruft einen Krankenwagen!“ funktioniert selten, weil sich keiner direkt angesprochen fühlt. Stattdessen sollte man gezielt einen Menschen ansprechen: „Rufen Sie einen Krankenwagen!“. Wer sich direkt und als Einziger angesprochen fühlt, wird wesentlich stärker dazu neigen, der Anweisung zu folgen oder anderweitig Hilfe zu leisten.

Der Confirmation Bias – die Bestätigung der eigenen Sache

Der Confirmation Bias oder zu Deutsch der Bestätigungsfehler beschreibt das psychologische Phänomen, dass Menschen mit ihren gesammelten

Informationen ihre Erwartungen bestätigen. Sie zeigen eine deutliche Tendenz dazu, Informationen so auszuwählen, zu finden und zu analysieren, dass sie bereits vorhandene Ansichten bestätigen. Informationen, die den eigenen Erwartungen widersprechen, scheinen dabei effektiv ausgeblendet zu werden. Der Confirmation Bias sorgt also systematisch für eine Selbsttäuschung.

Besonders stark wirkt der Confirmation Bias, wenn gezielt nach Informationen gesucht wird, die die Erwartungen oder bereits getroffene Entscheidungen bestätigen. Wer eine These aufstellt und Beweise sucht, wird sie in aller Regel auch finden – selbst dann, wenn es mehr Beweise gibt, die die aufgestellte These widerlegen. Ursächlich zu sein scheint in diesem Fall eine Tendenz des menschlichen Gehirns, Voramnahmen bestätigen zu wollen. Moderne Medien wie Facebook und Twitter ver–stärken den Confirmation Bias heutzutage noch. Sie zeigen dem Nutzer permanent nur das an, was er bereits sucht und mit „Gefällt mir" markiert hat. Algorithmen sorgen dafür, dass alle Nutzer möglichst viele Anzeigen zu sehen bekommen, die ihre Interessen widerspiegeln. Daher sehen Nutzer, die vorwiegend rechtsradikale Meinungen liken und teilen, auch ständig politische Nachrichten, die ihre Ansichten bestätigen.

Dies lässt sich auch auf eine gesellschaftliche und soziale Ebene übertragen. Man spricht dann auch von einer sogenannten Bubble. Dabei handelt es sich um einen Werte- und Überzeugungskreis, der sich in einem begrenzten Umfeld, in einer Blase also, befindet. Anders formuliert: Gleich und Gleich gesellt sich gern. Und das ist ja auch nicht verwunderlich, schließlich suchen wir uns unsere Freunde danach aus, wie gut sie zu uns passen. So müssen sich grundsätzliche Einstellungen zumindest ähneln, damit wir mit einer Person langfristig auf einem guten Ast bleiben. Andersherum bedeutet das jedoch oft auch, dass wir immer in unserem kleinen Kosmos bleiben, weil wir keinen Gegenwind erfahren.

Fragen wir unsere Freunde nach ihrer Meinung zu etwas, ist die Wahrscheinlichkeit hoch, dass sie ähnlich denken wie wir. Dadurch fühlen wir uns bestätigt in unserem Denken. Das kann gut sein, es kann aber auch zur Selbsttäuschung, die mit dem Confirmation Bias beschrieben wird, beitragen. So suchen z. B. Verschwörungstheoretiker viel eher Gleichgesinnte, die ihre Ansichten und Ideen teilen, anstatt sich auf konstruktive Debatten mit Personen einzulassen, die vielleicht eine andere Meinung zum jeweiligen Thema haben. Indem diese Gespräche und Diskussionen umgangen und die mit ähnlich Denkenden verstärkt gesucht werden, kommt ein Gefühl der Bestätigung auf. Dabei hat man sich gar nicht erst darauf eingelassen, alternative Perspektiven einzunehmen und die eigenen Überzeugungen zu hinterfragen.

Wer dem Confrmation Bias entkommen möchte, sollte daher vor allem zwei Dinge beachten: Erstens sollten möglichst umfangreiche Medien, Nachrichten und andere Informationsressourcen konsumiert werden. Zweitens sollte eine These, die es zu bestätigen gilt, gezielt auf widerlegende Argumente getestet werden.

Das bedeutet, es sollen keine Argumente gesucht werden, die die These bestätigen, sondern vielmehr solche, die sie widerlegen. Wer gezielt nach gegenteiligen Argumenten sucht und trotzdem keine findet, kann sich wesentlich sicherer sein, dass seine These bestätigt bzw. die Entscheidung richtig ist.

Der Fischteicheffekt – wenn der direkte Vergleich beeinflusst

Der Fischteicheffekt oder auch *Little Fish Big Pond Effect,* wie er im Englischen genannt wird, bezeichnet die Bewertung der eigenen Leistung im Vergleich der Leistungen einer Bezugsgruppe. Menschen neigen dazu, ihre eigene Leistung abhängig von der jeweils relevanten Gruppe sehr unterschiedlich einzuschätzen. Selbst bei gleichbleibender Leistung kann eine Veränderung der Bezugsgruppe und des Kontextes die Einschätzung und Bewertung der eigenen Leistung beeinflussen.

Studien haben z.B. gezeigt, dass in einer Klasse mit mehreren leistungsschwächeren Schülern diejenigen, die bessere Leistungen erbringen, ihre eigenen Leistungen höher werten. Im Vergleich zu den eher leistungsschwachen Schülern sieht diese nämlich gut aus. Sie wird außerdem stärker belohnt und hervorgehoben. Dadurch steigert sich bei vielen Schülern sogar die Lernmotivation.

Denn das Lernen wird durch dieses Erfolgserlebnis honoriert. Schüler, die einen Vorsprung erst mal erreicht haben, wollen ihn auch behalten. Im Grunde lässt sich dieser Effekt in allen Gruppen erkennen. Befindet sich ein Mensch in einer eher leistungsschwachen Gruppe und sticht seine eigene Leistung aus diesem Grund eher heraus, sorgt das für eine positive Selbsteinschätzung. Daraus resultiert ein gestärktes Selbstbildnis und eine erhöhte Motivation, diese herausragende Position innerhalb der Bezugsgruppe zu halten. Bezogen auf den Namen dieses Effekts lässt sich sagen: Der Mensch fühlt sich wie der größte Fisch im Teich.

Den gleichen Menschen kann man nun in eine andere Bezugsgruppe setzen, die deutlich leistungsstärker ist und der gegenteilige Effekt wird sichtbar. Der Mensch schätzt seine eigenen Leistungen im Vergleich zu den anderen deutlich schwächer und minderwertiger ein. Sein Selbstvertrauen sinkt und gleichzeitig reduziert sich auch die Motivation. Es gibt schließlich keine Erfolgsposition mehr, die der Mensch halten möchte. Überhaupt scheint der Effekt häufig so starke Auswirkungen zu haben, dass der Mensch keine großen Hoffnungen auf einen Aufstieg sieht, weil er seine Leistungsfähigkeit und seine Stärken so viel geringer als die aller anderen einschätzt. Er sieht sich als einen kleinen Fisch in einem Teich voller großer Fische.

Ein besonders leistungsstarkes Umfeld sorgt so bei Schülern zu einer Reduzierung der Lernmotivation. Sie fühlen sich schlechter als alle anderen Schüler und sehen keinen Grund mehr zu lernen. Studien zeigten bei Schülern sogar, dass auch die Freude über ein objektiv hohes Ergebnis in einem vergleichenden Lerntest dadurch gemindert wurde, dass viele andere Schüler ähnlich hohe Ergebnisse erreichten. Wurde den Schülern hingegen ein objektiv mittelmäßiges Ergebnis in einem schwachen Umfeld präsentiert, fühlten sie sich wesentlich stärker und motivierter.

Untersucht wird der Effekt heutzutage auch vielfach bei hochbegabten Kindern. Kinder, die als hochbegabt gelten, werden häufig aus dem ursprünglichen Klassenverband herausgeholt und in spezielle Einrichtungen für Hochbegabte gebracht. Dort befinden sie sich dann jedoch nicht mehr in einem verhältnismäßig schwächeren Umfeld, sondern teilweise sogar in einem noch stärkeren Umfeld. In einigen Studien in diesem Bereich wurde bereits festgestellt, dass die positiven Emotionen der Erfolge nachzulassen scheinen.

Zwischen positiven Emotionen und Lernerfolgen lässt sich allgemein (nicht nur, aber vor allem auf Schüler bezogen) eine Wechselwirkung feststellen. Wenn die positiven Emotionen nachlassen, sinkt die Lernmotivation und damit auch der Lernerfolg. Das Ausbleiben des Erfolges wiederum sorgt dafür, dass die positiven Emotionen nachlassen.

Der Fischteicheffekt ist sowohl in kleinen als auch großen Gruppen sichtbar. Bezogen auf Schüler wurde z.B. auch herausgefunden, dass länderübergreifende Vergleiche ähnliche Effekte erzielten. Damit wurde auch bewiesen, dass der Effekt auch generalisierbar ist und so gleichermaßen für andere (Schul-)Systeme und Kulturen gilt.

Sicher kennen Sie die Aussage, das Abitur in Bayern sei deutlich schwerer als in anderen Bundesländern, wie bspw. Berlin. Viele Kinder lassen sich davon beeinflussen. Sowohl diejenigen, die aus dem Kreis kommen, in dem das Erreichen des Schulabschlusses anspruchsvoller sein soll, als auch die Kinder, die vermeintlich Glück haben und angeblich weniger tun müssen, um ein gutes Abi zu erreichen. Fakt ist jedoch, dass jedes Kind auf seine Leistung stolz sein und sich bewusst machen sollte, dass keine Hochschule oder kein Ausbildungsbetrieb ein Abitur infragestellt, nur, weil es nicht in Bayern absolviert wurde. Doch auch über den schulischen Bereich hinaus werden wir immer wieder mit dem Fischteicheffekt konfrontiert. Leistungssportler sind plötzlich nicht mehr die Besten ihres Jahrgangs, wenn sie in einen bestimmten Kader oder eine Mannschaft aufgenommen werden.

Künstler werden zu einem Talent von vielen und stechen nicht mehr so sehr heraus, wenn sie ihre Kunst in einer Galerie zusammen mit anderen begabten Künstlern ausstellen. Der relative Wert verändert sich, der absolute hingegen überhaupt nicht, und das sollte man immer im Hinterkopf behalten, anstatt sich zu vergleichen. Schließlich hat jeder Mensch eine ganz eigene Ausgangslage, andere Talente und Fähigkeiten, die verschieden ausgeprägt sind.

Um dem Fischteicheffekt zumindest teilweise zu entgehen, sollte man seine eigene Leistung stets in einem objektiven Rahmen betrachten. Wenn Sie Ihre Stärken und Fähigkeiten einschätzen und beurteilen möchte, schauen Sie sich zunächst nur die Ergebnisse an, ohne sie zu vergleichen. Wenn sie eine Vergleichsgruppe haben, suchen Sie sich eine zweite und eine dritte. Und fragen Sie sich vor allem, ob der Erfolg für Sie persönlich nicht bereits ausreichend ist oder welche anderen Gründe dafür sprechen könnten, mehr zu wollen. Wollen Sie für sich mehr oder wollen Sie mehr, weil andere besser sind? Was sind Ihre ganz persönlichen Ziele? Lassen Sie sich Ihre Erfolgserlebnisse nicht nehmen, nur, weil andere noch erfolgreicher sind!

Der Halo-Effekt – Verzerrung durch Sympathie

Der Halo-Effekt (zu Deutsch: *Heiligenschein-Effekt*) gehört zu den kognitiven Verzerrungen der Sozialpsychologie. Dieser Effekt bezeichnet den

Denkfehler, von einer bekannten Eigenschaft einer Person auf eine unbekannte zu schließen.

Dies geschieht, ohne dass man irgendwelche Anhaltspunkte für die unbekannte Eigenschaft hat. Es kann sich sowohl um eine positive als auch um eine negative Verzerrung handeln. Bei einer negativen Verzerrung wird umgangssprachlich auch vom *Teufelshörner-Effekt* gesprochen. Diese Verzerrung wirkt sich meistens nicht nur auf die Einschätzung einer bestimmten Eigenschaft, sondern auf die Gesamteinschätzung aus. Dabei spielt es gar keine Rolle, wie oberflächlich die jeweilige Eigenschaft ist. Ein Beispiel für diese Verzerrung ist es, wenn man z.B. aufgrund von Sympathie einer Person gegenüber auf Eigenschaften schließt, die normalerweise als sympathisch bzw. als Voraussetzung für Sympathie empfunden werden. Ein Beispiel: Angenommen, Person A trifft auf Person B und findet B sympathisch. A findet in der Regel (nur) solche Menschen sympathisch, die sich für soziale Belange engagieren. Wenn der Halo-Effekt eintritt, wird A es für wahrscheinlich halten, dass B dies tut, auch ohne irgendeinen Anhaltspunkt dafür zu haben.

Es ist sogar denkbar, dass Person A bei Person B allein aufgrund von Attraktivität oder eines sozialen Status auf angenehme Charaktereigenschaften schließt. Andersherum können als angenehm empfundene Charaktereigenschaft einen Menschen auch auf einen sozialen Status schließen lassen. Wenn A die Person B hingegen unsympathisch findet, wird sie weitere angenehme Charakterzüge bei B für unwahrscheinlich halten. Das wäre der Teufelshörner-Effekt. Letztlich können sogar Namen auf Charakterzüge, Attraktivität und sozialen Status schließen lassen.

Im Alltag findet sich der Halo-Effekt z.B. in der Schule wieder. So beurteilen viele Lehre das allgemeine Verhalten eines gut oder freundlich aussehenden Schülers wesentlich positiver als das eines weniger gut oder freundlich aussehenden Schülers. Das führt häufig leider dazu, dass andere Schüler einen Stempel aufgedrückt bekommen, den sie überhaupt nicht verdienen und so schnell auch nicht mehr loswerden. Und das in einem Bereich, in dem eigentlich vorurteilsfrei und objektiv gehandelt und bewertet werden sollte. Oftmals ist diesen Lehrkräften gar nicht bewusst, dass sie dem Halo-Effekt unterliegen. Doch wie soll man sie, z. B. als betroffener Schüler, darauf aufmerksam machen?

Besonders ausgeprägt ist der Effekt dann, wenn die beurteilende Person besonders viel Wert auf ein bestimmtes Merkmal legt. Fehlende Informationen, Falschinformationen sowie ein Mangel an Motivation zur detaillierteren Überlegung können den Effekt zusätzlich verstärken. Ebenso sorgt Zeitdruck für einen stärkeren Halo-Effekt. Sensibilisierung für derartige Verzerrungen kann die Anfälligkeit hingegen reduzieren. Außerdem kann der Effekt reduziert werden, indem sich für eine Entscheidung oder Bewertung ausreichend Zeit genommen wird.

Eine andere Methode in Bezug auf konkrete Bewertungen, wie sie etwa in der Schule stattfinden, ist, jedes Merkmal nacheinander bei allen beteiligten Personen zu bewerten und erst danach zum Nächsten überzugehen. So kann ein Lehrer z.B. das Verhalten oder auch die Leistung einer einzelnen Aufgabe in einem Test nacheinander bei jedem Schüler bewerten und dann zum nächsten Verhaltensmerkmal bzw. zur zweiten Aufgabe übergehen. So kann zumindest teilweise verhindert werden, das vorangegangene Merkmale oder Leistungen die Bewertung der nachfolgenden beeinflussen.

Außerdem kann man versuchen, Irrtümer, die durch den Halo-Effekt ausgelöst werden, auszumerzen, indem man sich immer wieder daran erinnert, dass dieser existiert und vielleicht gerade Einfluss auf einen ausübt. So können und sollten Lehrer sich immer wieder fragen, wie die Antwort eines bestimmten Schülers aus dem Mund eines anderen klingen würde. Würde man sie für gleich gut oder gleich schlecht halten? In anderen Kontexten kann man sich, um den Effekt auszuhebeln, mit den entsprechenden Personen ausführlich unterhalten, um mehr über sie herauszufinden. So erfährt man nach und nach, ob die vorab gesteckten Erwartungen an die Person tatsächlich erfüllt werden oder nicht.

Vielleicht wird man enttäuscht, vielleicht aber auch positiv überrascht, wenn das Gegenüber viel mehr Sympathiepunkte einheimst, als man vorher angenommen hat. Vorurteile abzubauen ist in unserer Gesellschaft überaus schwer, keine Frage. Schließlich helfen sie uns, uns schneller und vermeintlich besser in sozialen Geflechten zurechtzufinden, führen zu Freundschaften oder zeigen uns, mit wem wir lieber nichts zu tun haben. Oftmals können wir den Halo-Effekt im ersten Moment gar nicht vermeiden. Aber wir können unser Denken im zweiten Moment reflektieren und Vorannahmen ggf. revidieren oder auch bestätigen.

In einigen Bereichen wird der Halo-Effekt bewusst eingesetzt. So nutzen z.B. manche Fragebögen den Effekt aus, in dem sie Fragen bzw. Trick-fragen an geeigneten Stellen innerhalb des Fragebogens platzieren, um bestimmte Gefühle oder Gedanken auszulösen. Entsprechend dieser Gefühle oder Gedanken fallen die Antworten auf diese Fragen anders aus. Die Unterhaltungsindustrie macht sich den Effekt zu Nutze, indem sie verwandte Produkte einsetzt, um die Wahrnehmung eines neuen Produktes positiv zu beeinflussen. Die Erinnerung an einen guten ersten Film macht die positive Wahrnehmung der Fortsetzung wahrscheinlicher. Kennen die Zuschauer die Schauspieler und erinnern sich im guten Sinne an sie, macht das eine positive Gesamtbewertung des neuen Filmes ebenfalls wahrscheinlicher (auch, wenn die Geschichte, die erzählt wird, vielleicht gar nicht so gut ist).

Die Kontrollüberzeugung – der irrtümliche Glaube an Alleinkontrolle

Die Kontrollüberzeugung bezeichnet den Glauben des Menschen, sein Leben selbst zu bestimmen bzw. kontrollieren zu können. Eine Kontrollüberzeugung entwickelt sich bei einigen Menschen im Laufe ihres Lebens und wird z.B. durch Familienverhältnisse, bestimmte Lernerfahrungen und soziale Erlebnisse verstärkt.

Bei einer stark ausgeprägten Kontrollüberzeugung ist der Mensch davon überzeugt, dass bestimmte Ereignisse abhängig von seinem Erscheinen oder seiner Beteiligung sind und dass diese die Konsequenzen seiner eigenen Entscheidungen sind. Dabei wird diese Abhängigkeit häufig weit überschätzt. Andere Einflussfaktoren werden nicht selten stark oder sogar ganz außer Acht gelassen. Eine sogenannte *Externale Kontrollüberzeugung* beschreibt hingegen den Zustand der Überzeugung, dass Ereignisse von einer anderen Quelle kontrolliert werden (z.B. rein vom Zufall, dem Schicksal oder einer anderen Macht).

Beide Überzeugungen können sich signifikant auf das Leben auswirken. So gibt es bei der Kontrollüberzeugung leider immer wieder tragische Fälle, in denen Personen (z. B. Familienväter) der festen Überzeugung sind, ihre Familie käme ohne sie nicht zurecht und ihr Glück hänge allein von seinem Dasein oder Fernbleiben ab. Nehmen sie sich, aus welchen Gründen auch immer, das Leben, reißen sie ihre Liebsten mit in den Tod, weil sie ohne sich jedwede Kontrolle über die Zukunft verloren sehen. Sie denken, Frau und Kind hätten es besser, wenn sie gar nicht mehr lebten, anstatt ohne sie auskommen zu müssen.

Bei der externalen Kontrollüberzeugung kommt es hingegen nicht selten dazu, dass die betroffenen Personen in eine Art Tatenlosigkeit und Motivationslosigkeit verfallen, da sie so fest daran glauben, ihre Entscheidungen und Handlungen hätten ohnehin keinen Einfluss auf ihre Zukunft. So lassen einige ihr Leben an sich vorbeiziehen, anstatt es in die Hand zu nehmen.

Natürlich gibt es aber auch weitaus mildere Beispiele für die Kontrollüberzeugung. So bringt der Glaube an Gott in gewisser Weise immer eine Art der externalen Kontrollüberzeugung mit, da gläubige Menschen an einen allmächtigen Gott glauben, der ihr Leben und auch sie selbst in gewisser Weise steuert. Auch der immer populärer werdende Trend, an bestimmte vorherbestimmte Eigenschaften aufgrund des Sternzeichens zu glauben, lässt sich dem unterordnen.

Was hierbei helfen kann, ist, sich immer wieder bewusst zu machen, dass man sowohl ein Individuum als auch ein Teil eines größeren Systems ist. So gibt es bestimmte Vorgänge und Entscheidungen, die man nicht beeinflussen kann und die andere direkt oder indirekt für einen treffen. Andererseits ist man immer auch ein Wesen mit einem freien Willen, das heißt, man selbst ist nicht Gott, man unterliegt diesem aber auch nicht ohnmächtig. Was man ändern oder entscheiden kann, sollte man daher auch angehen, wenn man das möchte. Was sich nicht ändern lässt, weil es durch äußere Umstände beeinflusst wird, sollte man hingegen akzeptieren.

Der Outcome-Bias – Überbewertung des Ergebnisses

Der Outcome-Bias (zu Deutsch: *Ergebnis-Verzerrung*) beschreibt das Phänomen, dass Menschen sich leicht durch ein vorangegangenes Ergebnis oder eine zuvor getroffene Entscheidung beeinflussen lassen. Anstatt den Gesamtprozess zu bewerten, wird ausschließlich dem Endergebnis Gewichtung gegeben.

Ein negatives Ergebnis sorgt dafür, dass eine Entscheidung oder Beurteilung als falsch oder schlecht eingestuft wird. Ein Erfolgserlebnis sorgt dafür, dass eine Entscheidung oder Beurteilung als richtig oder gut, in manchen Fällen auch als ungefährlich eingestuft wird. Das Problem hierbei: Wird die Handlung einer Person im Nachhinein beurteilt, konzentriert man sich oft genug auf das Endergebnis. Ist es gut oder schlecht ausgegangen? Ist ein Risiko eingetroffen oder nicht? Dass die handelnde Person das Ergebnis überhaupt nicht mit vollkommener Sicherheit beeinflussen oder gar vorhersehen konnte, wird außer Acht gelassen. Die Intention und die billigende Inkaufnahme eines Risikos geraten in

Vergessenheit, wenn ein Vorgang positiv verläuft, während besonderes Augenmerk auf sie gelegt wird, wenn der Negativfall eintritt.

Ein weiterer Fehler liegt darin, dass auch eine gute Entscheidung bzw. sogar die beste aller möglichen Optionen in manchen Fällen ein negatives Ergebnis zur Folge haben kann. Andersrum kann auch eine schlechte Entscheidung, eine gefährliche Handlung oder eine falsche Beurteilung ein positives Ergebnis nach sich ziehen.

Betrunken Auto zu fahren ist objektiv betrachtet eine schlechte Entscheidung. Sie bringt ein hohes Gefahrenrisiko mit sich und führt in vielen Fällen zum Tod. In einem Glücksfall kann aber auch eine betrunkene Autofahrt eine Person auf schnellstem Wege mitten in der Nacht heil nach Hause bringen. Wenn das gelingt, neigt die Person unter Umständen dazu, beim nächsten Mal zu denken: „Das letzte Mal hat es auch reibungslos geklappt!". Hier findet sich der Outcome-Bias wieder. Nur weil die Entscheidung einmal gut ausgegangen ist, heißt es nicht, dass sie generell gut war.

Andersherum gibt es Entscheidungen, die gut oder sogar notwendig waren und trotzdem ein schlechtes Ergebnis erzielen. Ist eine Person sterbenskrank oder schwer verletzt und liegt ihre einzige Hoffnung in einer Operation, ist die Operation eine gute Entscheidung. Selbst dann, wenn der Patient große Angst hat und die Operation nur 50 % Wahrscheinlichkeit auf Gelingen hat. Stirbt der Patient bei der Operation, werden die Angehörigen die Entscheidung zur OP wahrscheinlich als negativ bewerten. Es ist sogar möglich, dass sich ein zukünftiger Patient aufgrund dieses Ausganges weigert, sich einer OP zu unterziehen. Er erinnert sich dann an das Ergebnis der letzten Operation und befürchtet, das Risiko zu sterben sei zu hoch. Dabei wäre der Patient auch ohne die Operation gestorben und mit der OP hätte er zumindest die Chance gehabt, zu überleben. Auch hier tritt der Outcome-Bias ein und sorgt für einen entscheidenden Denkfehler.

Um den Outcome-Bias zu vermeiden, sollte stets lieber der ganze Prozess in Ruhe betrachtet und analysiert werden. Risiken und Chancen beider Varianten müssen umfassend betrachtet werden. Der Fokus darf nicht allein auf dem Ergebnis einer vorangegangenen Situation liegen. Zur Hilfe können auch andere Vergleichsfälle herangezogen werden. Was konnte die Person wissen, bevor sie sich für eine Handlung entschieden hat? War sie sich über die Risiken und auch die Wahrscheinlichkeiten dieser bewusst? Wusste sie vorher, welche Ausmaße die schlimmstmöglichen Folgen annehmen würden? Hat sie mit bestem Wissen und Gewissen gehandelt oder eher nach dem Motto, „Wird schon schief gehen “?

All diese Fragen sollten berücksichtigt werden, denn sie sind weitaus entscheidender, um bewerten zu können, ob eine Handlung ethisch vertretbar ist oder nicht. Die Person kann sich diese Fragen vor der jeweiligen Handlung auch selbst stellen, das sollte sie sogar. So kann sie im Vorfeld abwägen, was sie tun sollte und was nicht. Natürlich gibt es auch dann keine Garantie dafür, dass eine Handlung, hinter der die beste Intention steckt, gut ausgeht. Es lassen sich auf diese Weise jedoch Handlungsmaximen festlegen, die Risiken minimieren. Und das ist eine weitaus bessere Option, als die Handlung im Nachhinein (womöglich unter dem Einfluss des Outcome-Bias) zu bewerten.

Der Placebo-Effekt – wenn Gedankenkraft ausreicht

Vom Placebo-Effekt haben die meisten Menschen schon einmal gehört und bringen diesen Effekt direkt mit vermeintlichen Heilmitteln in Verbindung, die angeblich nur Besserung bewirkt haben, weil der Patient daran geglaubt hat. Was genau steckt tatsächlich hinter dem Placebo-Effekt?

Schon in der Antike wurden Placebos bei der Behandlung von Krankheiten angewendet. Der griechische Arzt Hippokrates etwa nutze mehrfach Methoden, die im Grund vollkommen wirkungslos waren, aufgrund des Placebo-Effekts allerdings trotzdem halfen. Erst im 2. Weltkrieg wurde sich wissenschaftlich mit dem Thema auseinandergesetzt. Eine Krankenschwester begann damit, Kochsalz in die Wunden einiger Soldaten zu spritzen, da das Morphin ausgegangen war.

Obwohl das Kochsalz eigentlich keinerlei Wirkung hatte, ging es den verwundeten Patienten – die nicht wussten, dass sie nur Kochsalz bekommen hatten – besser. Der Militärarzt Henry Beecher, der das beobachtete, begann daraufhin den Placebo-Effekt genauer zu untersuchen. Seitdem wurde in mehreren Studien und Untersuchungen bestätigt, dass Placebos tatsächlich eine erstaunliche Wirkung haben können. Das geht zuweilen sogar so weit, dass selbst Scheinoperationen bei Patienten Besserung hervorriefen. Tatsächlich schüttet der Körper schmerzstillende Hormone aus, wenn ein Patient von einem Medikament schmerzstillende Wirkung erwartet. Auf die Art wirkt ein Placebo tatsächlich. Entscheidend dafür scheinen Prozesse im menschlichen Gehirn zu sein, die die Hormon–produktion anregen. In späteren Studien zeigte sich, dass Placebos unterschiedlich stark wirken können, je nachdem, welche anderen Einflussfaktoren mitwirken. Spricht ein Arzt einem Patienten bei der Einnahme eines Placebo-Medikaments etwa Mut zu, scheint der Effekt weitaus stärker zu sein als bei bloßer Einnahme ohne ermutigende Worte. Noch effektiver sind Placebos, wenn zwischen Arzt und Patient eine gute Vertrauensbeziehung besteht.

Bei einem Medikament in Pillenform kann die Größe der Pille eine Rolle spielen. So scheinen besonders große oder eine Vielzahl besonders kleiner Tabletten eine stärkere Wirkung zu haben als eine normalgroße. Auch der (vermeintliche) Preis eines Placebos kann entscheidend sein – je teurer das Medikament angeblich ist, desto besser scheinen Patienten darauf anzuspringen. Placebos sind heutzutage trotz ihrer positiven Wirkung umstritten. Gerade aus ethischen Gründen sprechen sich einige Menschen gegen ihren Einsatz aus. Ein Arzt, der ohne das Wissen des Patienten ein Placebo einsetzt, würde den Patienten täuschen. Eine

Alternative könnten sogenannte offene Placebos darstellen, d.h. Placebos, bei deren Einsatz der Patient genau weiß, dass es sich um ein Placebo handelt. Erstaunlicherweise zeigen auch diese Placebo-Einsätze in zahlreichen Studien eine Wirkung.

Wobei das eigentlich gar nicht so erstaunlich ist. Schließlich entstehen Schmerzen nicht dort, wo ein Mensch verletzt ist, sondern in erster Linie im Gehirn. Aus diesem Grunde wirken Placebos - sie sprechen den Kopf an. Die Person denkt, sie bekäme etwas gegen die Schmerzen, erwartet diese lindernde Wirkung und führt sie damit aktiv herbei. Wer sich des Placebo-Effekts bewusst ist und dementsprechend weiß, dass er Schmerzen und einige andere Beschwerden allein mit der Kraft seiner Gedanken stillen kann, der kann sich mithilfe von Placebo-Medikamenten auch dann austricksen, wenn er eigentlich weiß, dass es sich um Placebos handelt. So können Placebos einen unheimlich großen Gewinn in den verschiedensten Therapieverfahren darstellen, sie können aber auch zu schwerem Missbrauch oder Betrug beitragen. Eine einheitliche Meinung dazu, ob Placebos verboten oder öfter eingesetzt werden sollten, gibt es daher nicht.

Unabdingbar bleiben Placebos jedoch in der Entwicklung neuer Medikamente. Heutzutage kommen Placebos in der Pharmaforschung beim Medikamententest zum Einsatz. Bevor ein Medikament auf den Markt gelangt, werden sogenannte Doppelblindstudien durchgeführt, bei denen sie in zwei Testgruppen gegen Placebos antreten. Ziel soll zwar eine bessere Wirkung als die der Placebos sein, allerdings wirken in vielen Studien die Placebos so gut, dass sie gegen die Medikamente gewinnen.

Die Repräsentativitätsheuristik – was erscheint wahrscheinlich und was unwahrscheinlich?

Die Repräsentativheuristik sorgt dafür, dass eine einzelne Information fälschlicherweise als repräsentativ für eine ganze Gruppe von

Informationen angesehen wird. Aufgrund dieser Heuristik trifft der Mensch eine Aussage über Ereignisse bzw. fällt Beurteilungen, die nicht rational und stimmig sind.

In Bezug auf eine Lotterie beispielsweise erscheint vielen Menschen eine willkürliche Zahlenfolge wie 12, 30, 7, 19, 25, 39 als repräsentativ für übliche Ergebnisse einer Ziehung. Die Zahlenreihenfolge sieht willkürlich und durcheinander aus und genau das scheinen Menschen bei einer Lottoziehung zu erwarten. Eine Reihe aufeinanderfolgender Zahlen wie 1, 2, 3, 4, 5, 6, oder 20, 21, 22, 23, 24, 25 hingegen erscheint als unwahrscheinlich. Die Zahlen sehen zu geordnet und nicht willkürlich aus und erscheinen den meisten Menschen daher als nicht repräsentativ. Dabei können alle drei Zahlenkombinationen mit der gleichen Wahrscheinlichkeit auftreten. Ähnlich urteilen die meisten Menschen bei einem Münzwurf: Der Wurf Kopf-Zahl-Kopf-Zahl erscheint wahrscheinlicher als vier Mal Kopf zu werfen. Tatsächlich liegt die Wahrscheinlichkeit von Kopf oder Zahl bei jedem einzelnen Wurf bei 50 zu 50. Damit ist die Wahrscheinlichkeit eines Gesamtwurfes, der vier Mal Kopf zeigt genauso hoch wie zwei Mal Zahl und 2 Mal Kopf. Die Repräsentativitätsheuristik sorgt jedoch dafür, dass die meisten Personen die Wahrscheinlichkeit falsch einschätzen.

In der Lotterie und auch beim Münzwurf führt das in der Regel nicht zu größeren sozialen Problemen. Anders verhält es sich aber, wenn aufgrund der Repräsentativheuristik bestimmte Personengruppen aufgrund des Verhaltens einer Einzelperson auf bestimmte Art und Weise bewertet werden. Man denke nur an Beispiele, in denen Flüchtlinge im Gesamten als kriminell und gefährlich verurteilt werden, weil wenige von ihnen straffällig geworden sind, oder an solche Arten der Verurteilung, in denen muslimische Personen als Attentäter, Frauenhasser und Extremisten abgestempelt werden. Die Repräsentativheuristik führt, wie man an diesen Beispielen eindrucksvoll sieht, nicht selten zu Vorurteilen und im schlimmsten Fall zur Diskriminierung, weswegen jeder einzelne sein

Denken über bestimmte Situationen und andere Personen überdenken sollte, bevor er ein Urteil fällt.

Gibt es ausreichende und überzeugende Gründe für meine Annahmen? Liefert die Person mir Argumente dafür, meine Vorannahmen zu bestätigen? Ist es wirklich unwahrscheinlicher, beim Brettspiel ununterbrochen Sechsen, anstatt immer wieder eine andere Zahl, zu würfeln? Oftmals wird einem, wenn man darüber reflektiert, bewusst, dass man einem Irrglauben unterliegt, und man kann diesen aus dem Weg räumen.

Dafür muss aber der Prozess der Reflexion erst einmal angegangen werden und diesen Schritt gehen viele unglücklicherweise nicht. Diejenigen, die gewillt sind, daran etwas zu ändern, müssen sich in jeder Situation auf's Neue bewusst machen, dass sie möglicherweise der Repräsentativheuristik unterliegen und diesem aktiv entgegenarbeiten, indem das Denken hinterfragt und nach Gegenargumenten gesucht wird. Das kann etwas Zeit und Übung in Anspruch nehmen, wird aber nach und nach zur Routine und ist somit irgendwann ganz selbstverständlich.

Die Simulationsheuristik – die Macht der Vorstellungskraft

Die Simulationsheuristik ist eine der häufigsten Heuristiken. Sie beschreibt die Urteilsbildung auf der Grundlage einer Vorstellungskraft bzw. einer Simulation. Die geschieht in der Regel dann, wenn einem Menschen die nötigen Informationen nicht oder nicht ausreichend zur Verfügung stehen.

Das Problematische an dieser Heuristik: Werden Urteile aufgrund von Vorstellungen getroffen, sind diese selten objektiv. Die Vorstellungen einer Sache oder eines Ereignisses bilden sich normalerweise auf der Basis bisheriger Erfahrungen und Erlebnisse. Sie sind subjektiv und individuell.

Wenn Menschen sich beispielsweise Außerirdische vorstellen, denken viele zwar an ungewöhnlich aussehende, grünhäutige Wesen – allerdings sind sie in der Regel zweibeinig, mit aufrechtem Gang sowie Armen und Beinen. Wer über sogenannte Worst-Case- oder Best-Case-Szenarien (also das schlimmstmögliche oder bestmögliche Szenario) nachdenkt, stellt sich das Eintreten von Ereignissen vor, die er bereits kennt. Vollkommen unbekannte Szenarien werden selten berücksichtigt.

Die Simulationsheuristik umfasst darüber hinaus auch das typische „ Was wäre, wenn…? “-Denken. Hierbei stellt sich die jeweilige Person aber, wie man sich nun denken kann, nicht alle möglichen Szenarien vor, die tatsächlich eintreten könnten, wenn sie in einer Situation anders gehandelt oder sich anders entschieden hätte, sondern eben nur bekannte Situationen. Ein Beispiel, um das zu verdeutlichen, könnte folgendermaßen aussehen: Ein Mann fährt jeden Morgen mit dem Auto dieselbe Strecke zur Arbeit. Eines Tages entscheidet er sich für eine andere Strecke, aus welchen Gründen auch immer. Auf dieser Strecke kommt es zu einem Unfall, bei dem er schwer verletzt und das Auto beschädigt wird. Der Mann macht sich schlimme Vorwürfe und denkt sich, wäre er doch nur die Strecke gefahren, die er auch sonst immer fährt, wenn es zur Arbeit geht. Die Antwort, die er sich selbst auf die Frage gibt, was gewesen wäre, wenn er die Standardstrecke gefahren wäre, lautet: Er hätte keinen Unfall gehabt, läge nicht im Krankenhaus und sein Auto hätte keinen einzigen Kratzer. Dass es auch auf der anderen Route zum Unfall hätte kommen können (v. a. dann, wenn Faktoren, wie z. B. Müdigkeit oder Ablenkung des Fahrers eine Rolle spielen), kommt ihm nicht in den Sinn. Er ärgert sich über seine Entscheidung, die nicht mehr rückgängig gemacht werden kann. Und das nur aus dem Grund, weil er auf seinem gewohnten Weg zur Arbeit noch nie einen Unfall hatte. Er schließt daraus unbewusst, dass es dort folglich auch nicht zu einem Unfall kommen kann, was natürlich nicht der Wahrheit entspricht.

Die Simulationsheuristik zu umgehen ist schwierig, denn unbekannte Ereignisse und Dinge übersteigen meistens die Vorstellungskraft eines Menschen. Ausreichende Informationen und Zeit zum Überdenken können jedoch hilfreich sein. Auch der Austausch mit anderen Personen kann sinnvoll sein, um neue Perspektiven einzunehmen und Alternativen kennenzulernen.

Die Swimmer's Body Illusion – die Verwechslung von Ursache und Wirkung

Die sogenannte Swimmer's Body Illusion (zu Deutsch: Schwimmer-Körper Illusion) beschreibt den Denkfehler, die Ursache mit der Wirkung eines Ereignisses zu verwechseln. Viele Menschen machen diesen Fehler häufig auch bei der Bewertung von Dingen oder anderen Personen. Das Ergebnis wird als Ursache betrachtet und umgekehrt. So werden vorwiegend falsche Wenn-Dann-Schlüsse gezogen.

Das Beispiel, nach welchem dieser Effekt benannt wurde, besagt, dass Menschen sich den Körper eines Profi-Schwimmers ansehen (das Gleiche gilt übrigens auch für beliebige andere Sportlerkörper) und sich denken: Wenn man nur regelmäßig schwimmt, bekommt man auch so einen Körper!

Der Denkfehler besteht in diesem Zusammenhang darin, dass nicht nur das regelmäßige Schwimmen dem Menschen einen Schwimmer-Körper gegeben hat. Beim professionellen Schwimmen ist vielmehr ein bestimmter Körperbau, der von Natur aus bereits vorhanden ist, vorteilhaft. Und viele Profi-Schwimmer sind überhaupt erst zum Schwimmen gekommen bzw. schnell so gut geworden, weil sie bereits die nötigen körperlichen Voraussetzungen mitbrachten. Nicht das Schwimmen hat den Körper geformt, sondern der Körper den Profi-Schwimmer.

Das ist im Bereich des Sports jedoch nicht immer ganz eindeutig zu sagen, schließlich ist regelmäßiges Training ebenfalls sehr wichtig und unterstützt körperliche Veränderungen. Dennoch ist klar, dass auch in diesem Bereich auf diese Weise nicht immer eindeutig eine Feststellung von Ursache und Wirkung getroffen werden kann.

So ist beispielsweise auch beim Kunstturnen ein gewisser Körperbau von vornherein von Vorteil und unterstützt professionelles Kunstturnen und schnelle Trainingserfolge. Auch hier könnten Zuschauer jedoch schnell denken: Egal, wie der Körper eigentlich von Natur aus gebaut ist – regelmäßiges Turnen sorgt für genau diesen Körperbau. Und das ist natürlich nicht richtig.

Noch eindeutiger lässt sich dieses Beispiel allerdings in der Kosmetika-Werbebranche festhalten. Die Werbung verspricht häufig, dass die kosmetischen Produkte die Benutzerin (oder den Benutzer) schöner aussehen lassen. Dieses Versprechen untermalen sie mit hübschen Werbegesichtern. Doch auch hier waren es nicht die Kosmetikprodukte, die die Werbegesichter schön gezaubert haben – es wurden zu Werbezwecken bereits objektiv betrachtet besonders schöne Menschen als Modells ausgewählt. Wer glaubt, dass die Kosmetikprodukte jedes Gesicht in ein umwerfend schönes Antlitz verwandeln, weil die Menschen in der Werbung mit den Produkten so gut aussehen, der täuscht sich. Diese Menschen sahen auch vor Nutzung der Produkte bereits in den Augen der meisten anderen Menschen überdurchschnittlich gut aus. Zudem wurde natürlich mit Licht und digitaler Bearbeitung im Nachhinein sowohl bei Bildern als auch Videos getrickst.

In diesem Zusammenhang bietet es sich auch an, mal darüber nachzudenken, ob sogenannte Elite-Schulen oder Elite-Universitäten wirklich so gut sind, wie ihr Ruf verspricht. Wenn die Menschen an die US-amerikanische Universität Harvard denken, glauben sie, diese sei besonders gut. Schließlich haben nur die besten Absolventen dort studiert. In Wahrheit sagen die Fähigkeiten der Absolventen jedoch nichts über die Universität aus.

Es könnte auch schlichtweg der Fall sein, dass die Universität aus ganz anderen Gründen nur die besten Absolventen aufgenommen hat. Die Studenten waren bereits vor Antritt des Studiums besonders begabt und sind es nicht erst durch die gute Ausbildung an der Universität geworden. Dennoch behält die Universität ihren Ruf als Spitzen-Uni, da sie stets die besten Absolventen hervorbringt.

Ein anderes Beispiel, um die Swimmer' s Body Illusion zu verdeutlichen, ist das einer jungen Mutter, die sich aufopferungsvoll und scheinbar problemlos um ihr Kind kümmert. Außenstehende würden vielleicht denken, sie müsse schon immer besonders gut im Umgang mit Kindern gewesen sein, weswegen sie in schon so jungen Jahren ein eigenes zur Welt brachte, was sich nun auch an der Interaktion mit ihrem eigenen Kind zeigt. Tatsächlich ist es aber auch möglich, dass die junge Frau vor ihrer eigenen Schwangerschaft keinerlei Erfahrungen im Zusammenspiel mit Kindern sammeln konnte und erst in die Rolle der fürsorglichen Mutter hineingewachsen ist, als sie ihr Kind zur Welt brachte. Die Umstände, nämlich die Geburt ihres Babys, brachten sie dazu, sich mit dieser Materie zu beschäftigen, und indem sie tagtäglich ihr Kind umsorgte, wurde sie zu der guten Mutter, die sie heute ist. Learning by doing, anstelle einer Naturbegabung, die ihr in die Wiege gelegt wurde.

Was die Aufdeckung dieses Denkfehlers dementsprechend auch zeigt, ist die Tatsache, dass viele menschliche Eigenschaften nicht auf reines Talent, sondern auf Übung und Training zurückzuführen sind. Erfolg beruht dementsprechend oft nicht allein auf Begabung, sondern auf dem Willen und der Disziplin einer Person. Man sollte sich also weder von dubiosen Werbestrategien von Kosmetikvertreibern täuschen lassen, die ihre Anti-Aging-Cremes mit aalglatten Frauengesichtern bewerben, noch von Vorannahmen über Körperbilder in Folge bestimmter Sportarten. Oftmals verwechselt man hierbei nämlich Voraussetzungen und Konsequenzen.

Die Swimmer's-Body-Illusion ist nicht ganz einfach zu vermeiden. Wer sich jedoch mehr Zeit nimmt und explizit darüber nachdenkt, Ursache und Wirkung zu vertauschen, hat gute Chancen, diesen Effekt zu verhindern oder zumindest zu reduzieren. Hinterfragen Sie daher häufiger: Steckt wirklich diese Ursache hinter diesem Ergebnis? Oder könnte es auch genau andersherum sein, als es auf den ersten Blick wirkt?

Der Social Proof – das blinde Folgen der Masse

Der sogenannte Social Proof (zu Deutsch: *Sozialer Beweis*) ist ein psychologischer Effekt, bei dem Menschen die Verhaltensweisen ihrer Mitmenschen übernehmen, da sie von der Annahme ausgehen, dass deren Handlungen angemessen und sinnvoll sind. Je mehr Menschen die gleichen Verhaltensweisen an den Tag legen, desto stärker wirkt der Social Proof.

Teilweise wird auch vom Social Proof gesprochen, wenn dem Verhalten einer einzelnen vermeintlichen Autoritätsperson (z.B. einem Prominenten) oder der einer Person, auf dessen Meinung ein Mensch aus anderen Gründen viel Wert legt (dies kann z.B. ein Freund sein), gefolgt wird.

Menschen neigen dazu, in ihre Entscheidungen das beobachtbare Verhalten der Mitmenschen stark mit einzubeziehen. Sehen diese Personen, wie eine Masse anderer Menschen bestimmte Handlungen vollzieht oder bestimmte Entscheidungen trifft, sind sie geneigt, die Handlungen zu kopieren. Evolutionstechnisch ist der Social Proof recht leicht zu erklären: Zu Zeiten, in denen die Menschen noch Jäger und Sammler waren, war es oftmals sinnvoll, das Verhalten der Mitmenschen nicht zu hinterfragen. Wenn eine Masse von Menschen weglief, war es in der Regel klug, mitzulaufen. Es war sehr wahrscheinlich, dass die Gruppe der anderen Menschen vor einer Gefahr wegrannte. Und Gefahren waren in der Wildnis sehr häufig.

In moderneren Zeiten ist der Social Proof selten notwendig und häufig sogar sehr nachteilig für den einzelnen Menschen. Aufgrund seines starken Effekts wird der Social Proof auch besonders gerne in der Werbung bzw. im Marketing verwendet. So hört man oft, dass Zahnpasta „von führenden Zahnärzten empfohlen" wird oder man sieht auf Social-Media-Plattformen, dass Prominente und sogenannte Influencer ein bestimmtes Produkt nutzen und bewerben.

Außerdem wird oft damit geworben, wie viele Nutzer ein bestimmtes Produkt bereits gebrauchen oder wie viele zufriedene Kunden eine Firma bereits hat. Wenn der Social Proof zuschlägt, denkt sich der potenzielle Neukunde dann in etwa: „Wenn so viele Nutzer dieses Produkt haben, wird es wohl gut sein." Oder auch: „Wenn dieser Star dieses Produkt nutzt, muss es wertvoll sein!" Dabei hat weder die Menge der Kunden noch die Prominenz eine Aussagekraft über den tatsächlichen Wert eines Produktes.

Im Zeitalter von Social Media reicht es oftmals bereits aus, dass eine Vielzahl anderer Nutzer ein Produkt auf einem Bild mit „Gefällt mir" markiert hat. Auch das vielfache Teilen einer Produktinformation sorgt für den Social Proof. Im Online-Verkauf wird der Social Proof häufig auch mit Markierungen wie „15 Menschen haben dieses Produkt heute schon gekauft" oder „6 Kunden haben sich diesen Artikel in der letzten Stunde angesehen" erzeugt. Auch vorgeschlagene Produkte, die mit dem Hinweis „Kunden, die diesen Artikel gekauft haben, mochten auch die folgenden Artikel" beworben werden, machen sich den Social Proof zunutze.

Viele Firmen und Dienstleistungsanbieter machen sich den Social Proof auch auf zwielichtige Art und Weise zunutze, indem sie sich bspw. Online-Rezensionen erkaufen. Hat ein Friseursalon besonders viele positive Bewertungen, gehen wir davon aus, dass wir dort eher einen guten Haarschnitt bekommen als bei einem Studio, das nur wenige Bewertungen hat. Auch auf dem Buchmarkt sind Rezensionen (bspw. auf Amazon) oftmals ausschlaggebend dafür, ob jemand ein Buch kauft oder lieber die Finger davon lässt. Hier kann es helfen, sich die Erfahrungsberichte anderer gründlich durchzulesen und darauf zu achten, ob hinter der Vielzahl an Rezensionen auch Begründungen stecken oder ob es sich oftmals um unkommentierte Sterne-Bewertungen handelt. Ist

Letzteres der Fall, kann das ein Hinweis darauf sein, dass die Bewertungen gefaked sind. Auch ein Blick ins Buch über die Leseprobe oder - bei anderen Produkten - ein Blick auf die Inhaltsstoffe und die Herstellungsmethoden ist oftmals weitaus informativer und verlässlicher, als der (angeblichen) Meinung der Masse zu vertrauen. Überprüfen Sie den Wert des Produkts auf andere Art und Weise! Würde sich eine Kim Kardashian tatsächlich eine Gesichtscreme für nicht einmal fünf Euro aus der Drogerie kaufen? Oder hält sie nur als Werbegesicht dafür her, weil sie davon finanziell profitiert? Sollte ich das Buch wirklich kaufen, ohne einen Blick hineinzuwerfen und zu überprüfen, ob mir die Schreibweise zusagt, nur, weil es etliche positive Rezensionen vorzuweisen hat? Gerade im Bereich der Kunst sollte man sich erst recht nicht auf den Social Proof verlassen, schließlich sind Geschmäcker verschieden.

Der Social Proof sagt leider gar nichts über die tatsächliche Qualität eines Produktes oder Richtigkeit einer Entscheidung aus. Auch eine Masse an Kunden kann sich in dem Produkt getäuscht haben. Nur weil zahlreiche Menschen ein Bild mit „Gefällt mir“ markieren, heißt das nicht, dass sie das Produkt wirklich mögen oder überhaupt nutzen. Und ein Influencer, der für ein Produkt wirbt, wird häufig dafür bezahlt.

Auch wenn eine Masse an Menschen auf der Straße eine bestimmte Handlung ausführt, muss dies keine vernünftige Entscheidung sein. Studien haben gezeigt, dass manchmal schon eine Person auf der Straße, die in den Himmel zeigt, ausreicht, damit viele andere Menschen folgen: Plötzlich schauen alle in den Himmel und suchen etwas, dass nicht da ist. Und ihnen folgen weitere. Sie starren teilweise sogar lange in den Himmel, ohne dass sich irgendetwas verändert, nur weil alle anderen Menschen den Blick ebenfalls nicht abwenden.

In anderen Experimenten, die Forscher durchführten, um die Persönlichkeitsstrukturen der Probanden zu ergründen, wurden diese in einen Raum mit mehreren eingeweihten Schauspielern gesetzt. Auf einen Signalton hin standen plötzlich alle Personen kommentarlos auf und setzten sich nach wenigen Sekunden wieder. Unter den zahlreichen Probanden taten es viele den Schauspielern gleich und standen bei dem entsprechenden Ton ebenfalls auf, obwohl sie überhaupt nicht wussten, warum sie das taten. Sie nahmen an, eine Einweisung verpasst zu haben, wollten nicht negativ auffallen oder vertrauten schlichtweg den anderen Personen im Raum.

Wer den Social Proof vermeiden möchte, sollte seine Entscheidungen und Handlungen genauer hinterfragen und durchdenken. Nicht nur bei Kaufentscheidungen kann der Social Proof täuschen. Es gibt im Grunde heutzutage nur noch sehr wenige Situationen, in denen der Social Proof vorteilhaft ist. Eine davon ist beispielsweise das Suchen eines Stadions oder einer Konzerthalle. Will man zu einer solchen Veranstaltung und kennt den Weg vom Bahnhof aus nicht, ist es ratsam, der Masse der aussteigenden Menschen zu folgen. Denn die Wahrscheinlichkeit, dass auch sie zu der Veranstaltung wollen, ist sehr hoch. Ansonsten sollte man sich darüber bewusst sein, dass ein Verhalten der Masse niemals unreflektiert dazu führen sollte, dieses nachzuahmen. Das ist überaus schwer, da wir schon als Kinder über genau diesen Prozess lernen, uns in der Welt zurechtzufinden: Wir beobachten, was unsere Eltern, Geschwister und Großeltern tun, und machen es ihnen nach. Wir lernen das Sprechen, indem wir Worte wiederholen, die unsere Bezugspersonen benutzen. Wir bauen unser Wertesystem danach auf, wie wir aufwachsen und die Überzeugungen und Einstellungen unserer Mitmenschen aussehen. Der Mensch befindet sich immer in einem sozialen Gefüge, von dem er zwangsläufig beeinflusst wird. Doch ab einem bestimmten Alter ist man dazu in der Lage, die Handlungen anderer und auch von einem selbst zu hinterfragen, anstatt blind mit der Masse mitzuschwimmen. Und sobald dieses Alter erreicht ist, sollte man das auch tun und seinen Kindern beibringen, sich an diesem Grundsatz zu orientieren. Das lässt sich auf Schönheitsideale übertragen, aber auch auf moralische Wertesysteme, Dienstleistungen und Produkte, die man erwerben kann. Wir leben zwar in einer Gesellschaft, die uns prägt, aber wir sind auch mit einem Verstand geboren, den wir einsetzen sollten. Immer und zu jeder Zeit!

Der Verfügbarkeitsfehler – wenn Informationsquantität entscheidend ist

Der Verfügbarkeitsfehler (im Englischen *Availability Error* genannt) bezeichnet einen Urteilsfehler, bei dem der Mensch solche Ereignisse für wahrscheinlicher hält, die in seinem Gedächtnis als Information verfügbar sind.

Dies sind beispielsweise Informationen, die das Individuum besonders häufig gehört oder gesehen hat. Man spricht von individueller Verfügbarkeit, weil jeder Mensch aufgrund seines eigenen Lebens, seiner persönlichen Erfahrungen, seiner Kontakte und seines Alltags verschiedenste Informationen in unterschiedlichen Mengen zur Verfügung hat. Diese individuelle Verfügbarkeit ersetzt dabei unbewusst fehlende Informationen. Der Verfügbarkeitsfehler gehört zu den Heuristiken.

In der modernen Welt der Massenmedien bedeutet er zum Beispiel auch, dass all jene Ereignisse als wahrscheinlicher eingestuft werden, die in den Medien präsent sind. Je häufiger ein Mensch von einem Ereignis (irgendwo auf der Welt) hört, desto wahrscheinlich erscheint es ihm, dass dieses Ereignis auch für ihn eintritt.

Konsumiert eine Person also bspw. oft Dokumentationen oder Podcasts über wahre Verbrechen (sogenannten True Crime), wird sie eher davon ausgehen, ebenfalls Opfer einer der beschriebenen Taten zu werden, als eine Person, die sich mit der Thematik wenig bis gar nicht auseinandersetzt. Und das, obwohl die Wahrscheinlichkeit für beide Personen ganz objektiv betrachtet gleich groß oder besser gesagt gleich gering ist. Der Verfügbarkeitsfehler äußert sich in solchen Fällen dann im Denken, in der Gefühlslage und im Verhalten. Eine Frau, die von der Geschichte mehrerer, auf dem Heimweg abgefangener und vergewaltigter Frauen gehört hat, wird sich auf ihrem eigenen Heimweg vermutlich stärker fürchten als eine andere Frau oder auch ein Mann, die bzw. der mit solchen Fällen noch nicht medial in Kontakt gekommen ist. Die Annahmen oder Erwartungen beruhen auf unseren ganz individuellen Informationsstrukturen und sind dementsprechend weder repräsentativ noch faktisch richtig.

Das Gleiche gilt aber auch für bereits Erlebtes oder für die Erzählungen und Berichte anderer. Wenn ein Mensch beispielsweise erfährt, dass in diesem Jahr bereits viele Arbeitskollegen die Grippe bekommen haben, geht er davon aus, dass die Wahrscheinlichkeit, selbst an Grippe zu erkranken, recht hoch ist.

Wer in den Medien ständig von Terroranschlägen oder Einbrüchen hört, bekommt sehr wahrscheinlich deutlich mehr Angst davor als eine Person, die von diesen Ereignissen nicht ständig in den Medien hört. Und wer schon einen oder mehrere untreue Partner in einer Beziehung gehabt hat, wird wahrscheinlich denken, dass ein wesentlich höherer Anteil der Menschen zur Untreue neigt, als es statistisch gesehen der Fall ist. Die individuelle Verfügbarkeit einer Information beeinflusst in all diesen Fällen eine Beurteilung ganz maßgeblich.

Um den Verfügbarkeitsfehler auszuschalten, müssen tatsächliche Zahlen, Fakten und Informationen ausreichend studiert werden. Nur wer ausreichende Informationen hat, kann eine rationale Beurteilung über die Häufigkeit einer Sache treffen. Individuelle Verfügbarkeit sagt nichts über die tatsächlichen Zahlen aus, selbst dann nicht, wenn Sie mehrere Freunde in Ihrem Umfeld haben, die Ihre Vorstellung bestätigen würden.

Denn auch diese Menschen sind kein repräsentativer Teil der Bevölkerung. Sie alle leiden selbst unter der Verfügbarkeitsheuristik und haben wahrscheinlich Zugang zu ähnlichen Informationen wie Sie (die gleichen oder ähnliche Medien, ein gemeinsames Arbeits- oder Privatumfeld etc.). Nur wer sich mit echten Fakten und Zahlen aus seriösen offiziellen Quellen beschäftigt, kann den Verfügbarkeitsfehler vermeiden.

Manipulation im Alltag

Bevor darauf eingegangen werden kann, wie man manipulative Manöver anderer Menschen für sich erkennen, einsetzen und/oder abwehren kann, soll zuvor die Frage geklärt werden, was mit dem Begriff der Manipulation überhaupt gemeint ist: Welche psychologische Definition liegt der Bezeichnung *Manipulation* zugrunde? In den darauffolgenden Kapiteln wird die Vielzahl an Strategien und Techniken dargelegt, derer man sich in der Regel bedienen kann, um andere Menschen zu beeinflussen. Im Anschluss daran werden außerdem praxisbezogene Contra-Taktiken aufgezeigt, mit deren Hilfe man die zuvor aufgeführten Manipulationversuche effektiv aushebeln kann.

WAS IST MANIPULATION?

Laut seiner etymologischen Wurzeln lässt sich der Begriff *Manipulation* aus zweierlei Sprachen herleiten: Zum einen ist das Wort *Manipulation* aus dem Französischen entlehnt, dessen Äquivalente *manipulation* für Handhabung bzw. *manipule* für [eine] Handvoll stehen (vgl. Bibliographisches Institut GmbH 2021). Gebraucht wurde der Begriff laut dem DWDS vor allem für die chemische Bearbeitung von Metallen und Mineralien.

Manipulation bezieht sich in diesem Zusammenhang auf die Handgriffe bei deren Gewinnung (vgl. Pfeifer 1993). Zum anderen lässt sich die Bezeichnung auf seine lateinischen Ursprünge, nämlich *manipulus*, zurückführen: *manus* steht hierbei für die Hand, während das Suffix *-plēre* „füllen" meint (vgl. ebd.). Sowohl im Französischen als auch im Lateinischen lassen sich bereits klassifizierende Aspekte erkennen, die dem Begriff der Manipulation nachgesagt werden: die Handhabung einer spezifischen Situation bzw. das Hantieren mit bestimmten Mitteln, Techniken und Methoden.

Laut des Online-Lexikons für Psychologie und Pädagogik wird die Bezeichnung *Manipulation* daher wie folgt definiert:

> „Als Manipulation bezeichnet man in der Psychologie ganz allgemein die soziale Einflussnahme, die für die Betroffenen sowohl positiv wie negativ sein kann, d. h., die wissenschaftliche Perspektive ist zunächst neutral. Im Speziellen bezeichnet Manipulation aber meist die gezielte und verdeckte Einflussnahme auf das Erleben und Verhalten von Einzelnen oder Gruppen, wobei den Betroffenen diese Einwirkung verborgen bleiben soll. Als Manipulation bezeichnet man konkret die Handhabung und Steuerung eines Menschen durch geschicktes Ausnutzen seiner Anlagen und Eigenschaften mit dem Ziel, ihn für ihn unmittelbar fremde Ziele zu benutzen. Manipulation bezeichnet in der Psychologie dabei meist die gezielte Beeinflussung von Menschen ohne deren Wissen und Zustimmung, wobei Manipulation zwischen Zwang und Überzeugung liegt, und in vielen Fällen die oder der Manipulierte zwar Möglichkeiten hat, sich gegen die Manipulation zu wehren, doch wird seine abwägende Entscheidung nicht gefördert, sondern unterdrückt oder einfach übergangen." (Stangle 2021)

Bei einer Manipulation handelt es sich somit um ein bewusstes, in der Regel gelenktes Beeinflussen anderer Menschen, oftmals mit dem Ziel, die eigenen Standpunkte, Ansichten oder Pläne im Zuge dessen umzusetzen. Die Mittel und Werkzeuge, mit denen manipuliert wird, sind meist nicht offensichtlich erkennbar und werden auf subtile Art und Weise eingesetzt. Das heißt, das Gegenüber ist sich der Manipulation in der Regel nicht bewusst. Die Beeinflussung geschieht zumeist also ohne das Wissen der Betroffenen. Ebenfalls machen sich manipulative Menschen die Eigenschaften, Charakterzüge, persönlichen Wertmaßstäbe und

Vorstellungen ihres Gegenübers im Zuge dessen zunutze. So entsteht unter anderem der Eindruck, dass dem Gegenüber seine Entscheidungsfreiheit erhalten bliebe, was jedoch nicht der Fall ist (vgl. Spektrum der Wissenschaft Verlagsgesellschaft mbH 2021).

Um die Manipulation anderer Menschen frühzeitig zu erkennen, sie abzuwehren und/ oder sie selbst für sich zu nutzen, ist es zuvor essenziell zu wissen, welche spezifischen Manipulationsarten es gibt. Daher werden im Folgenden die rudimentärsten Manipulationsstrategien und -techniken aufgeführt werden, bevor im weiteren Verlauf in einer Schritt-für-Schritt-Anleitung aufgezeigt wird, welche Tricks es gibt, um jenen Techniken konträr entgegenzuwirken.

MANIPULATIONSSTRATEGIEN UND -TECHNIKEN

Es gibt eine Vielzahl unterschiedlicher Arten, um einen Menschen manipulativ zu beeinflussen. Im Folgenden wird der Fokus auf vier grundlegenden Strategien liegen, derer sich Manipulatoren bedienen, um ihre eigenen Zwecke zu erreichen (vgl. Erdmüller & Wilhelm 2019):

1) <u>Die Blockadestrategie</u>

- **Ziel:** Ziel dieser Strategie ist es, dass die Intention des Gegenübers im Dialog verhindert, sprich blockiert, wird. Das eigentliche Gespräch soll fortgesetzt werden, im Idealfall geführt von der manipulativen Person selbst, jedoch ohne den Hintergrund, dass diese für sich ein konkretes Ziel verfolgt.

- **Umsetzung:** Die Blockadestrategie kann auf zweierlei Wegen erfolgen, entweder passiv-defensiv oder aktiv-offensiv.

➢ Im Fall einer <u>passiv-defensiven Blockadestrategie</u> verhält sich die manipulative Person in der Regel ausweichend. Sie beharrt oftmals auf ihren eigenen Standpunkt, verweigert weiterführende, hilfreiche

Erklärungen sowie Informationen und erweckt den Eindruck eines lediglich oberflächlichen Scheininteresses am Gesprächsthema, während sie weder wirkliche Antworten auf persönliche Fragen gibt noch tatsächliches Verständnis für die Ansichten des Gegenübers zeigt. Ein Beispiel: Sie finden sich im Dialog mit einem Menschen wieder, der sich zwar gewillt zeigt, mit Ihnen zu reden, doch im Verlauf der Unterhaltung immer wieder durch Unhöflichkeit glänzt, Sachen äußert wie „Keine Ahnung, was Ihr Problem ist, Sie sind doch selbst schuld" und sich im Anschluss weigert, einzusehen, warum er sich für sein Benehmen entschuldigen sollte.

- Im Fall einer <u>aktiv-offensiven Blockadestrategie</u> lenkt die manipulative Person in der Regel von der eigentlichen Problemlage ab und baut metaphorische „Nebenkriegsschauplätze" (ebd., Seite 17) auf. Dies tut sie, indem sie oftmals vorgibt, sich zu verzetteln, bewusst ihr Gegenüber missversteht, spezifische Angelegenheiten aufbauscht, an diversen Stellen Scheinargumente aufbringt und „Nebelkerzen" (ebd.) wirft, das heißt, dass sie viel redet, ohne wirklich etwas zu sagen. Ein Beispiel: Sie unterhalten sich mit einer Person aus Ihrem Arbeitskollegium, mit der Sie ein längerfristiges Problem klären wollen. Anstatt sich jedoch auf das Gespräch einzulassen, kommt Ihr Gegenüber immer wieder auf Nebensächlichkeiten zu sprechen, erweckt den Eindruck von Dringlichkeit (zum Beispiel, indem er Ihnen vorwirft, dass Sie ihn aufzuhalten) oder Ähnliches.

2) <u>Die Durchsetzungsstrategie</u>

- **Ziel**: Auch im Rahmen der Durchsetzungsstrategie ist der Manipulator darauf bedacht, das eigentliche Gespräch zu führen und fortzusetzen, doch anders als in der Blockadestrategie verfolgt er nun ein konkretes Ziel.

- **Umsetzung**: Die Durchsetzungsstrategie kann durch überzeugungsorientiertes bzw. nicht überzeugungsorientiertes Verhalten umgesetzt werden.

➢ Ein überzeugungsorientiertes Verhalten umfasst zum Beispiel die Nutzung von bewussten Argumentationsfallen und/ oder das Vorbringen von Scheinargumenten sowie Überredungstaktiken. Das heißt, die manipulative Person schreckt nicht vor Einschmeichelungen (im Sinne eines Appellierens an Prestige und Eitelkeit des Gegenübers), Einschüchterungen (im Sinne eines autoritären Aufspielens) oder Verunsicherungen (im Sinne der eigenen Lösung als ultimative Rettung) zurück. Hierbei werden auf emotionaler Ebene Zugeständnisse gemacht, die dazu führen sollen, dass das Gegenüber auf objektiver Ebene im Gespräch Gegenleistungen erbringt. Ein Beispiel: Sie werden in einem Modegeschäft darauf angesprochen, dass Sie attraktive Augen besitzen. Ihr Gegenüber lenkt Ihre Aufmerksamkeit im Laufe des Gespräches auf Ihre Augenfarbe, die noch besser durch die neu gelieferte Kleidungskollektion hervorstechen würde, weshalb Sie diese unbedingt kaufen sollten.

➢ Sollte die manipulative Person eine Durchsetzungsstrategie verfolgen, die nicht durch überzeugungsorientiertes Benehmen geprägt ist, so erreicht sie dies vor allem durch persönliche Angriffe auf ihr Gegenüber, das Aufschaukeln von Emotionen, die Wiedergabe selektiver Informationen (=Halbwahrheiten), das Erzeugen von Zeitdruck und/ oder eines schlechten Gewissens, Erpressung/ Drohung/ aktives Lügen sowie das Anbringen von Scheinkonzessionen. Der zu besprechende Sachverhalt wird im Dialog als nicht verhandelbar abgetan; weiterhin sind Aussagen wie „Das ist mein letztes Angebot. Wenn Sie nicht einverstanden sind, dann...“ und ähnliche hierbei als exemplarische Phrasen zu erwarten.

3) Sabotage IM Gespräch

- **Ziel**: Wie der Name dieser Strategie bereits vermuten lässt, ist es das Ziel der manipulativen Person, das eigentliche Gespräch zu sabotieren. In der Regel soll die geführte Unterhaltung beendet werden, ohne dass der Manipulator in irgendeiner Weise Verantwortung übernehmen muss.

- **Umsetzung**: Dieses Ziel kann durch eine Vielzahl an unterschiedlichen Taktiken erreicht werden, zum Beispiel durch die bisher angesprochenen Techniken.

Dazu gehören: das absichtliche Missverstehen, das Provozieren durch beleidigendes Verhalten (mit der Intention, dass die Unterhaltung abgebrochen wird), Unterstellungen, unkooperatives Benehmen, Lügen, Vortäuschungen (unter anderem auch überspitzte, emotionale Reaktionen), das Erzeugen von Zeitdruck und/ oder eines schlechten Gewissens, das Beharren auf die eigene Meinung sowie das Verweigern weiterführender Erklärungen, hilfreicher Informationen und eigener Antworten.

4) <u>Sabotage NACH dem Gespräch</u>

- **Ziel**: Diese Strategie ist der vorherigen in vielerlei Hinsicht ähnlich. Der einzige Unterschied ist der Zeitpunkt der Sabotage. Das heißt, der Manipulator benutzt ähnliche Mittel und Methoden zur Umsetzung seines Zieles, in der Regel jedoch nicht während der Unterhaltung, sondern danach. Im Dialog zeigt er sich zumeist kooperativ, während es sein Ziel nach dem Gespräch ist, die entsprechenden Vereinbarungen, Lösungen etc. durch spezifische Techniken zu untergraben, aufzuheben oder zum Scheitern zu bringen.

- **Umsetzung**: Um dieses Ziel zu erreichen, wird die manipulative Person in der Regel die getroffenen Entscheidungen und Vereinbarungen nach eigenem Ermessen uminterpretieren und/ oder nicht einhalten, in Gegenwart von weiteren Menschen verbale Hetze betreiben und/ oder Intrigen aufbauen sowie Hindernisse und Blockaden aufbauen, die es unmöglich machen, die getroffenen Vereinbarungen einzuhalten.

Um diese Manipulationsstrategien zu bekräftigen, nutzen Manipulatoren in der Regel eine Vielzahl an diversen Manipulationstechniken. Hierzu gehören unter anderem (vgl. Hahn 2021):

- Um Zeit- oder Entscheidungsdruck zu erschaffen, nutzen manipulative Personen in der Regel ein Entweder-oder-Argument. Auf diese Weise entstehen Aussagen wie zum Beispiel „Entweder machen wir das jetzt so oder wir lassen es ganz sein.", wodurch beim Gegenüber der Eindruck vermittelt wird, dass es lediglich zwei Wahlmöglichkeiten im Entscheidungspool gibt, er jedoch derjenige ist, der die entsprechende Wahl fällt. Diese Vorstellung ist allerdings oftmals nur eine Scheinsuggestion, denn die manipulierende Person setzt dieses Argument in der Regel so ein, dass ihr Gegenüber den Beschluss fällt, den sie von Beginn an im Fokus hatte.

- Weiterhin beeinflussen Manipulatoren durch Wiederholungen bestimmter Ansichten, Aussagen und Verhaltensweisen, meist in Relation mit ihrer Engstirnigkeit (zum Beispiel, indem sie auf den eigenen Standpunkt beharren oder Unverständnis vorgaukeln), aber auch in der Umsetzung persönlicher Ziele — das meint, ihre Aussagen werden einschlägiger und selbstverständlicher, wodurch ihre Intention bekräftigt wird.

- Der Fehlschluss mit falschen Alternativen gehört ebenfalls zum Repertoire der Manipulationstechniken. Diese Argumentationsstruktur ist der Entweder-oder-Taktik ähnlich, mit der Ausnahme, dass zu den bestehenden Wahlmöglichkeiten eine Alternative hinzugefügt wird, die augenscheinlich die einzig praktikable Lösung darstellt, weil „alle anderen Möglichkeiten schlecht oder bereits ausgeschöpft sind" (vgl. ebd.). Dass keine weiteren Lösungswege existieren, stellt hierbei einen logischen Fehlschluss dar. Ein Beispiel: „Weil sich herausgestellt hat, dass die Idee des Kollegen nicht funktioniert hat, sollten wir meinen Vorschlag in Betracht ziehen, um zu einer schnellen Lösung zu gelangen."

- Manipulatoren behelfen sich gerne einer Manipulation durch Statistiken und Zahlen. Gemeint ist in diesem Zusammenhang, dass sich die manipulative Person bei dieser Methode auf Fakten in Form von Statistiken und Ähnlichen beruft, um ihre Aussagen möglichst präzise und glaubwürdig klingen zu lassen. Ob die herangezogenen Resultate der Wahrheit entsprechen, ist für sie in diesem Zusammenhang weniger von Relevanz.

- Die Manipulation durch namhafte Nennung ist eine weitere Methode, derer sich manipulative Personen bedienen. Wie die Bezeichnung bereits suggeriert, wird sich hierbei auf die Meinungen und Standpunkte von Expert/innen, Wissenschaftler/innen und Autoritäten berufen, um die eigene Aussage zu stützen. In der Regel bleibt die Nutzung dieser Technik unspezifisch, das heißt, es handelt sich bei den eigentlichen Aussagen oftmals um unklare Phrasen. Ähnlich wie bei der Manipulation durch Statistiken und Zahlen ist nicht sicher, wie viel Wahrheitsgehalt der Nennung namhafter Persönlichkeiten anhaftet; das heißt, es bleibt ebenfalls unklar, ob die genannten Menschen überhaupt jene Standpunkte vertreten haben. Ein Beispiel: „Ich bin nicht die einzige Person, die so denkt. In einer Studie habe ich gelesen, dass eine Vielzahl von Fachleuten meine These bestätigen kann."

- Manipulation kann ebenfalls durch eine Technik, die sich auf die Anzahl der Anhänger fokussiert, praktiziert werden. Diese Technik ist deshalb so effektiv, weil sich „nur sehr wenige [sich] gegen die Meinungsmehrheit stellen wollen" (vgl. ebd.). Exemplarische Aussagen wären zum Beispiel Phrasen wie „Alle außer dir denken so" oder „Ich habe die anderen danach gefragt; keiner hält sich so sehr daran auf wie du".

- Eine weitere Manipulationstechnik ist der sogenannte Brunnenvergifter. Die manipulative Person nutzt diese Technik, noch bevor ihr Gegenüber ein Gegenargument hervorbringen kann. Dadurch, dass der Mensch in der Regel einen von Natur aus harmoniebedürftigen Charakter besitzt, ist die Wahrscheinlichkeit gering, dass sich das Gegenüber — ähnlich wie bei der Anzahl-der-Anhänger-Taktik — gegen seinen Manipulator stellt. Beispiele (vgl. ebd.) wären: *Es weiß doch jeder, dass…/ Niemand wird bezweifeln, dass.../ Jedes Kind weiß, dass.../ Es ist unbestritten, dass.../ Alle sind sich einig, dass ...*

- Manipulationen können weiterhin durch persönliche Garantien vollzogen werden. Der Fokus liegt in diesem Zusammenhang, wie die Bezeichnung bereits vermuten lässt, auf einer persönlichen Garantie des Sprechers, der sich für die Gleichwürdigkeit seiner Aussage verbürgt. Im Umkehrschluss bedeutet dies: Wer an der Glaubwürdigkeit der Aussage zweifelt, zweifelt ebenso an der Glaubwürdigkeit der jeweiligen Person. Der Manipulator kann dies für sich nutzen, indem er jenes Verhalten als Beleidigung auffasst bzw. als Basis für das emotionale Aufschaukeln, das Missverstehen spezifischer Aussagen oder Ähnliches.

- Zudem stellen sogenannte Killerphrasen Manipulationstechniken dar. Indem der zur Diskussion stehende Sachverhalt als altvertraut dargestellt wird (ergo: Es wurde schon immer so gemacht und hat sich seither bewährt), werden Neuerungen, Veränderungen, Verbesserungen etc. aktiv blockiert. Schlagworte wie *Tradition, Vertrautheit, altbewährt* und ähnliche tauchen hierbei oftmals in den jeweiligen Phrasen auf. Ein Beispiel: „Wir haben bisher immer auf diese Weise gearbeitet, es ist Tradition und hat sich stets bewährt!"

- Eine letzte Manipulationstechnik ist der Zirkelschluss. Hierbei begründet der Manipulator seinen Standpunkt mit denselben Argumenten, wobei er die Formulierung mehrmals umwandelt, da es ihm in der Regel an weiteren, bekräftigenden Argumenten fehlt. Der Effekt, der im Zuge dessen entsteht: Dem Gegenüber fällt im ersten Moment nicht auf, dass es sich um das gleiche Argument handelt bzw. ihm durch weitere Wiederholungen die Meinung der manipulativen Person einzubläuen versucht wird.

ABWEHR GEGEN MANIPULATIONEN

Wie kann man jene aufgelisteten Manipulationsstrategien und -techniken nun effektiv aushebeln? Zur Beantwortung dieser Frage soll auf der Grundlage bisheriger Quellen eine Schritt-für-Schritt-Anleitung herangezogen werden, nach der Sie vorgehen können, um sowohl mit den unterschiedlichen Strategien umgehen zu lernen als auch jenen Techniken entgegenwirken zu können (vgl. Erdmüller & Wilhelm 2019 und Hahn 2021).

Schritt I: Taktiken erkennen

Um mit einer Manipulation umzugehen, ist es wichtig, die Strategien und Techniken als solche zu erkennen (siehe Kapitel: Manipulationsstrategien und -techniken). Haben Sie diese erst einmal identifiziert, ist es einfach, die jeweiligen (non-)verbalen Mittel und Methoden zu durchschauen, deren sich Manipulatoren in der Regel behelfen.

> „Überlegen Sie, welche Strategie der Manipulator verfolgt. [...] Ziel ist zu erkennen, was der Manipulator bezweckt. Ist die manipulative Absicht erst einmal durchschaut, kann man auch besser reagieren. [...] Ziel ist, die eigenen Interessen auf faire Art und Weise zu wahren." (Erdmüller & Wilhelm 2019, Seite 12)

Greifen Sie danach auf die im Folgenden aufgelisteten Schutz- sowie Abwehrtechniken zurück, damit Sie die Manipulation mittels effektiver Praktiken bereits im Kern unterbinden können.

Schritt II: Gegenmaßnahmen ergreifen

Für den grundlegenden Umgang mit manipulativen Menschen gibt es Richtlinien, an die Sie sich im Allgemeinen halten können. Dazu zählen:

1) Bewahren Sie Ihre Sachlichkeit. Eine der effektivsten Taktiken innerhalb von Manipulationsstrategien ist es, durch emotionale Ausbrüche

oder ähnliche Verhaltensweisen negative Empfindungen beim Gegenüber zu provozieren, zum Beispiel Ärger, Frust oder Wut. Auf diese Weise wird der Fokus von den jeweils vorgebrachten Argumenten genommen. Dies gilt es jedoch zu verhindern, demnach: Bewahren Sie möglichst Ihre Objektivität, achten auf tatsächliche Argumente und Begründungen, sowohl in Ihrer eigenen Meinung als auch der Ihres Gegenübers. Bleiben Sie fair.

2) Bewahren Sie Ihre Ruhe. Ähnlich, wie auch im vorherigen Punkt beschrieben, gilt es, neben der Objektivität der Diskussion auch Ihre eigene Fassung zu behalten und Gelassenheit nach außen hin zu projizieren.

3) Agieren Sie. Intentional oder nicht bereitet sich ein manipulativer Mensch darauf vor, Sie emotional werden zu lassen — entweder indem er Sie aktiv provoziert oder indem Sie schlussendlich genug haben und die Flucht ergreifen. Reaktionen wie diese sind nicht unüblich, sogar normal, doch sie helfen leider nicht im Umgang mit Manipulatoren. „Im Grunde läuft bei einer aktiven Manipulation eine Art Reiz-Reaktionsmechanismus ab. Diesen Mechanismus gilt es zu durchbrechen, um die Gesprächskontrolle zu behalten.“ (ebd., Seite 13). Deshalb: Bevor Sie das Benehmen Ihres Gegenübers als solches hinnehmen, beziehen Sie aktiv Stellung, auch wenn es Ihnen zu Beginn schwerfällt.

4) Verfolgen Sie Ihr Ziel. Manipulatoren spielen mit Ihrer Konzentration. Deshalb: Lassen Sie sich nicht von Ihrem eigentlichen Ziel abbringen, egal, ob es sich hierbei um eine Problemlösung im Arbeitskollegium handelt oder um einen zwischenmenschlichen Dialog. Bleiben Sie hierbei hartnäckig und unbeirrt. Um sich dies zu erleichtern, können Sie sich bereits im Vorfeld der Diskussion ein konkretes Ziel vor Augen führen, auf das Sie sich im Verlauf dessen fokussieren.

5) Richten Sie Ihre Konzentration auf konkrete Handlungsweisen. Vermeiden Sie möglichst stereotype Klassifizierungen wie „dieser Mensch ist halt einfach schwierig“. Indem Sie dies tun, nehmen Sie die Manipulation als solche nicht ernst und erleichtern es Ihrem Gegenüber im Zuge dessen,

diese fortzuführen. Hierbei kann es helfen, auf konkrete Verhaltensweisen zu achten und diese direkt anzusprechen. Auf diese Weise bremsen Sie effektiv die Wirkung der Manipulation.

6) Bauen Sie goldene Brücken. „Suchen Sie nach Möglichkeiten, wie das Gespräch wieder einen sachlichen, lösungsbezogenen Verlauf nehmen kann." (ebd., Seite 14).

Schritt III: Aktiv abwehren

Wie können die aufgeführten Gegenmaßnahmen nun in der Praxis aussehen (vgl. Erdmüller & Wilhelm 2019)?

1) Präzisieren Sie Ihre Fragen und hören Sie aktiv zu. Indem Sie konkrete Fragen stellen, sichern Sie automatisch ab, dass eine sachliche Diskussion stattfinden kann. Sie können sich hierbei geschlossener und offener Fragen bedienen. „Offene Fragen fordern ganze Sätze als Antwort, während man auf eine geschlossene Frage mit einem einzigen Wort oder der knappen Nennung einer Tatsache ausreichend reagiert hat." (ebd., Seite 26). Der Vorteil offener Fragen ist, dass Sie Ihr Gegenüber aktiv mit ins Gespräch einbringen sowie eigene Lösungsvorschläge vorbringen können. Die Antworten werden Ihnen in der Regel mehr Angriffsfläche bieten.

- Beispiel einer offenen Frage: Was wäre Ihrer Meinung nach eine angemessene Lösung?
- Beispiel einer geschlossenen Frage: Sind Sie damit einverstanden?

2) Ignorieren und Gedankengang fortsetzen. Indem Sie den Manipulationsversuch ignorieren, nehmen Sie ihm seine Wirkung und der manipulativen Person die Angriffsfläche. Selbst, wenn Sie Ihr Gegenüber dafür unterbrechen, sein Verhalten übergehen oder sich „dumm" stellen müssen.

3) „Schallplatten mit Sprung" aufstellen. Wie die Bezeichnung bereits vermuten lässt, kann man dem Manipulationsversuch ebenfalls seinen Effekt

entziehen, indem man eine ähnliche Technik verfolgt wie die manipulative Person: durch Wiederholungen. Wiederholen Sie immer wieder, was Sie (nicht) möchten, welche Fragen und Ansichten Sie vertreten und worauf Sie Wert legen.

4) Aus der Situation austreten. Der Umgang mit Manipulatoren kann anstrengend und kräftezehrend sein, daher bleibt Ihnen manchmal nichts anderes übrig, als aus der Gesprächssituation auszutreten bzw. den manipulativen Menschen als solchen direkt anzusprechen. Hierzu:

- Unterbrechen Sie die Diskussion.
- Begründen Sie die Unterbrechung mit dem Manipulationsversuch, den Sie bewusst ansprechen.
- Nun besitzen Sie zwei Möglichkeiten: Entweder, Sie machen selbst einen Vorschlag — oder Sie bitten um eine Idee Ihres Gegenübers.

Durch die aufgelisteten Schutz- und Abwehrtechniken kann und wird es Ihnen gelingen, Manipulationsversuche von außen im Kern zu ersticken.

Schluss

Mit Beendigung der Lektüre dieses Buches haben Sie nun eine große Menge an psychologischem Basiswissen erhalten. Sie haben einen Überblick über die verschiedenen Teildisziplinen der Psychologie bekommen und wissen nun, was es mit Heuristiken und kognitiven Verzerrungen auf sich hat. Auch die Lebensbereiche, in denen Psychologie besonders stark angewandt wird oder die ihrerseits für die Psychologie von bedeutendem Interesse sind, wurden Ihnen vorgestellt.

Mit diesem Hintergrundwissen haben Sie nun ein weitaus besseres Verständnis für die komplexe und vielseitige Welt der Psychologie. Egal, ob Sie sich überlegt haben, ein Studium der Psychologie anzufangen oder schlichtweg schon länger ein Hobby-Psychologe in Ihnen schlummert – Sie sind nun einen Schritt weitergekommen.

Ob und inwieweit Sie dieses Wissen nun anwenden möchten, bleibt natürlich Ihnen selbst überlassen. Womöglich reicht es Ihnen bereits, ein besseres Verständnis für die menschliche Psyche entwickelt zu haben? Vielleicht möchten Sie sich auch näher mit Affirmationen oder Gewaltfreier Kommunikation beschäftigen?

Oder ziehen Sie es gar in Erwägung, kleine Heuristik-Experimente in Ihrem Umfeld durchzuführen? So oder so – Sie werden sicherlich nicht mehr durch den Alltag gehen, ohne dass Ihnen hier und dort Beeinflussungen und Denkfehler (bei Ihnen oder Ihren Mitmenschen) auffallen.

Quellenverzeichnis

Bücher:

Kahneman D. „Schnelles Denken, langsames Denken"

Kahneman D., Slovic P., Tversky A. „Judgment under uncertainty: Heuristics and biases"

Erdmüller, Andreas; Wilhelm, Thomas (2019). Manipulationstechniken: Erkennen und abwehren (4. Auflage). Haufe: Freiburg.

Online-Quellen:

https://www.anti-bias.eu/unconsciousbias/bias-effekte/authority-bias/#:~:text=Der%20Authority%20Bias%20beschreibt%20unsere,C%20sch%C3%BCtzt%20wirksam%20vor%20Erk%C3%A4ltungen.

https://m.bpb.de/lernen/digitale-bildung/werkstatt/258946/schubs-mich-nicht-nudging-als-politisches-gestaltungsmittel

https://www.google.com/url?sa=t&source=web&rct=j&url=https://www.coaching-report.de/lexikon/arbeitspsychologie.html&ved=2ahUKEwiiq_HYnpTtAhXjRRUIHWSQA6MQF-jAiegQIHxAB&usg=AOvVaw2B4x8Akpi-YRPAKeYWtpbj

https://www.dasgehirn.info/aktuell/frage-an-das-gehirn/wie-entsteht-liebe#:~:text=Im%20Gehirn%20spielt%20bei%20der,und%20Antrieb%20in%20Verbindung%20gebracht.

http://denkerblog.de/2017/04/22/52-denkfehler-die-dich-kopf-und-kragen-kosten-koennen/

https://dorsch.hogrefe.com/gebiet/Psychopharmakologie

https://www.duden.de/rechtschreibung/kognitiv

http://www.gestalttherapie-lexikon.de/gestaltpsychologie.htm

https://www.lecturio.de/magazin/entwicklungspsychologie/#wichtige-begriffe-der-entwicklungspsychologie

https://www.lecturio.de/magazin/rechtspsychologie/

http://www.lern-psychologie.de/behavior/behavior.htm

http://www.lernpsychologie.net/lerntheorien/Behaviorismus

http://www.lernpsychologie.net/lerntheorien/kognitivismus#:~:text=Der%20Kognitivismus%20ist%20ein%20Teilgebiet,sondern%20%C3%BCber%20kognitive%20Prozesse%20erkl%C3%A4rt.

https://lexikon.stangl.eu/2229/affirmation/

https://lexikon.stangl.eu/1200/bystander-effekt/

https://lexikon.stangl.eu/7294/fischteicheffekt/#:~:text=Der%20Fischteicheffekt%20(big%20fish%20little,sehr%20unterschiedlich%20bewertet%20werden%20kann.

https://lexikon.stangl.eu/2746/gestaltpsychologie/

https://lexikon.stangl.eu/1963/heuristik/

https://lexikon.stangl.eu/3918/klinische-psychologie/

https://lexikon.stangl.eu/94/kontrollueberzeugung/

https://lexikon.stangl.eu/26555/social-proof/

https://lexikon.stangl.eu/5233/vergleichende-psychologie/

https://lexikon.stangl.eu/28162/verfuegbarkeitsfehler/

http://www.medienpsychologie-dgps.de/index.php/info

https://www.mpifr-bonn.mpg.de/603129/doppler-effekt

https://www.planet-wissen.de/gesellschaft/medizin/psychosomatik/pwiederplaceboeffekt100.html

http://platon-heute.de/seelenlehre.html

http://www.positive-psychologie.ch/?page_id=24

https://praxistipps.focus.de/angewandte-psychologie-definition-und-inhalte_124583

https://www.psychologie.ch/beruf-bildung/berufe-der-psychologie/rechtspsychologie-und-forensische-psychologie

https://www.psychologie-studieren.de/infos/psychologie-vs-angewandte-psychologie/

https://psychologie-journal.de/psychologie/971/die-psychologie-und-ihre-teilgebiete/

https://www.psychologie.uni-heidelberg.de/ae/allg/sonst/was_ap.html

https://www.spektrum.de/lexikon/psychologie/gestaltpsychologie/5882

https://www.spektrum.de/lexikon/psychologie/heuristiken/6524

https://www.spektrum.de/lexikon/psychologie/konnektionismus/8070

https://www.spektrum.de/lexikon/psychologie/konstruktivismus/8103

https://www.spektrum.de/lexikon/psychologie/leibniz/8689

https://www.spektrum.de/lexikon/psychologie/liebe/8878

https://www.spektrum.de/lexikon/psychologie/psychophysiologie/12151

https://www.spektrum.de/lexikon/psychologie/romeo-und-julia-effekt/13162

https://studium.dgps.de/infos-zum-studium/faecher-im-psychologie-studium/allgemeine-psycholo-gie/#:~:text=Dazu%20geh%C3%B6ren%20Wahrneh-mung%2C%20Aufmerksamkeit%2C%20Bewusst-sein,ist%20das%20%E2%80%9EWie%E2%80%9C%20entscheidend.

https://studium.dgps.de/infos-zum-studium/faecher-im-psychologie-studium/geschichte-der-psychologie/

https://www.studocu.com/de/document/heinrich-heine-universitaet-duesseldorf/diagnostik-testen-und-entscheiden/zusammenfassun-gen/urteilsfehler-skript-zusammenfassung-der-vorlesung-wise-1718-musch-diagnostik-testen-und-entscheiden/2220386/view

https://www.therapie.de/psyche/info/index/therapie/neuropsycholo-gische-therapie/klinische-neuropsychologie/

https://uol.de/physik/studium/physik-studieren-in-oldenburg/was-sie-schon-immer/was-ist-der-schmetterlingseffekt

https://www.uni-salzburg.at/index.php?id=61109

https://de.m.wikipedia.org/wiki/Allgemeine_Psychologie

https://de.m.wikipedia.org/wiki/Angewandte_Psychologie#:~:text=An-gewandte%20Psychologie%20ist%20eine%20Zusammenfas-sung,die%20Praxis%20zum%20Gegenstand%20haben https://de.m.wi-kipedia.org/wiki/Ankereffekt#:~:text=Ankereffekt%20(eng-lisch%20anchoring%20effect)%20ist,ihnen%20dieser%20Ein-fluss%20bewusst%20wird.

https://de.m.wikipedia.org/wiki/Arbeitspsychologie

https://de.m.wikipedia.org/wiki/Avicenna

https://de.m.wikipedia.org/wiki/Behaviorismus

https://de.m.wikipedia.org/wiki/Biopsychologie#:~:text=teil-weise%20biopsychology%2C%20sonst%20behavioral%20neuro-science,Verhalten%20von%20Menschen%20und%20Tieren

https://de.m.wikipedia.org/wiki/Differenti-elle_und_Pers%C3%B6nlichkeitspsychologie

https://de.m.wikipedia.org/wiki/Entwicklungspsychologie

https://de.m.wikipedia.org/wiki/Geschichte_der_Psychologie

https://www.wissenschaft.de/gesellschaft-psychologie/das-paradox-der-auswahl/

https://de.m.wikipedia.org/wiki/Gestaltpsychologie

https://de.m.wikipedia.org/wiki/Halo-Effekt

https://de.m.wikipedia.org/wiki/Ingenieurpsychologie

https://de.m.wikipedia.org/wiki/John_B._Watson

https://de.m.wikipedia.org/wiki/Juan_Huarte_de_San_Juan

https://de.m.wikipedia.org/wiki/Klinische_Psycholo-gie#:~:text=Die%20Klinische%20Psycholo-gie%20ist%20ein,und%20emotionalen%20Grundlagen%20psychi-scher%20St%C3%B6rungen.

https://de.m.wikipedia.org/wiki/Kognitivismus

https://de.m.wikipedia.org/wiki/Kognitive_Neurowissen-schaft#:~:text=Die%20kognitive%20Neurowissenschaft%20(eng-lisch%20Cognitive,und%20der%20kognitiven%20Psychologie%20auf.

https://de.m.wikipedia.org/wiki/Kognitive_Verzerrung

https://de.m.wikipedia.org/wiki/Kommunikationspsychologie

https://de.m.wikipedia.org/wiki/Konstruktivismus_(Lernpsychologie)

https://de.m.wikipedia.org/wiki/Konstruktivismus_(psychologische_Schule)

https://de.m.wikipedia.org/wiki/Neuropsychologie

https://de.m.wikipedia.org/wiki/Nudge

https://de.m.wikipedia.org/wiki/Positive_Psychologie#:~:text=Der%20Begriff%20Positive%20Psychologie%20wurde,Psychologen%20Martin%20Seligman%20wieder%20aufgegriffen.

https://de.m.wikipedia.org/wiki/Psychoanalyse#:~:text=Die%20Psychoanalyse%20ist%20in%20der,den%20soziokulturellen%20Bereichen%20zu%20erarbeiten

https://de.m.wikipedia.org/wiki/Psychopharmkakologie

https://de.m.wikipedia.org/wiki/Schmetterlingseffekt

https://de.m.wikipedia.org/wiki/Werbepsychologie

https://wirtschaftslexikon.gabler.de/definition/nudging-99919

https://wirtschaftslexikon.gabler.de/definition/arbeits-und-organisationspsychologie-30289

https://wpgs.de/fachtexte/wirtschaftspsychologie/wirtschaftspsychologie-definition-inhalte-bedeutung/

Bibliographisches Institut GmbH (2021). Duden Online. Stichwort: Manipulation. Online Verfügbar unter: https://www.duden.de/rechtschreibung/Manipulation. Letzter Aufruf am: 19.03.20201.

Hahn, Lilia (2021). Manipulationstechniken - Wie du sie richtig einsetzt. audimax MEDIEN GmbH. Online verfügbar unter: https://www.audimax.de/arbeitsleben/gleichberechtigung-im-job/manipulationstechniken-wie-du-sie-richtig-einsetzt/. Letzter Aufruf am 21.03.2021.